Francesco Rizzi

Convertire e Creare Concetti

Francesco Rizzi

Convertire e Creare Concetti

Contributi per una reinvenzione di alcuni significati

Edizioni Sant'Antonio

Imprint
Any brand names and product names mentioned in this book are subject to trademark, brand or patent protection and are trademarks or registered trademarks of their respective holders. The use of brand names, product names, common names, trade names, product descriptions etc. even without a particular marking in this work is in no way to be construed to mean that such names may be regarded as unrestricted in respect of trademark and brand protection legislation and could thus be used by anyone.

Cover image: www.ingimage.com

Publisher:
Edizioni Accademiche Italiane
is a trademark of
International Book Market Service Ltd., member of OmniScriptum Publishing Group
17 Meldrum Street, Beau Bassin 71504, Mauritius

Printed at: see last page
ISBN: 978-613-8-39226-2

A chi è schiacciato,
escluso ed umiliato
in nome di malintesi
principi immutabili

INTRODUZIONE

CONCETTI E STORICITÀ

I concetti sono contemporaneamente assoluti e relativi: relativi rispetto alle loro componenti e agli altri concetti, ma assoluti rispetto alla loro posizione sul piano d'immanenza.
Deleuze - Guattari

Concetti e Weltanschauung

L'uomo non è affatto una ragione isolata, è anzi l'essere storico per eccellenza; e la sua interiorità non si risolve in una dimensione razionale che sia una generalità astratta e immutabile. Lo sforzo di fornire una fondazione rigorosa dei contenuti della fede significa valorizzare quanto, nell'essere umano, è individuale e irripetibile, oltre che uno sforzo per affermare, di contro allo scientismo, la specificità del fatto umano, colto nella sua concretezza esperienziale.

Nessuno oserà negare che la Weltanschauung o visione del mondo, ad esempio, del medioevo sia diversa da quella rinascimentale, come pure da quella dell'illuminismo; né che tali diversità non siano in relazione con il costante mutamento e con la trasformazione delle condizioni storiche e sociali, proprie a ciascuna epoca.

L'impianto concettuale filosofico-teologico, che rivendica una certa scientificità, non è l'erede dell'ideazione platonica e non implica uno stato di trasparenza, come se potesse cancellare la sua materialità davanti alla manifestazione pura del pensiero razionale. «I concetti non sono già fatti, non stanno ad aspettarci come fossero corpi celesti (...) devono essere inventati, fabbricati o piuttosto creati e non sarebbero nulla senza la firma di coloro che li creano[1] ». Ogni concetto rimanda a un filosofo, perché il filosofo crea il concetto.

Il nostro concetto di concetto

Deleuze e Guattari hanno precisato che il concetto è evento, ossia il modo in cui ciascun filosofo esprime il mondo, dà rilievo ad un determinato aspetto del reale, sicché, in quanto singolarità, crea i suoi propri concetti nella sua relazione col mondo a partire da problemi, collocati su un piano di immanenza. Questo piano è definito dal filosofo stesso sulla base del tempo e del luogo in cui egli vive, della sua formazione, delle sue letture, delle sue scelte, del suo orientamento caratteriale, delle sue affinità e delle sue idiosincrasie. Proprio su questo piano nascono i problemi e sono questi problemi a muovere la produzione concettuale.

Un filosofo può anche non tracciare il suo piano, e scegliere di operare su un piano già tracciato; per questo si può parlare, per esempio, di aristotelismo o tomismo, una volta che altri filosofi scelgano di abitare il piano dell'immanenza tracciato da Aristotele o Tommaso d'Aquino. Ma appropriarsi dei concetti di un altro filosofo significa dare ad essi un nuovo senso, significa de-territorializzarli e ri-territorializzarli: estrapolandoli dal loro piano d'immanenza, li trasformiamo e li ricreiamo.

---

[1] G. Deleuze, F. Guattari, *Qu'est-ce que la philosophie ?*, Éditions de Minuit, Paris, 1991; trad. *Che cos'è la filosofia*, Einaudi, Torino, 1996, Introduzione, p. XIII.

Una persistente convinzione

È diffusissima invece la convinzione che il termine concettuale sia chiaro, evidente per se stesso e che di conseguenza sia secondario, rispetto al suo senso, il piano d'immanenza, ossia il contesto socio culturale e personale, da cui il concetto è stato creato. Ciò porta a considerare la parola come la manifestazione della purezza veritativa. Insomma, si continua ad essere sotto l'influenza di una metafisica dell'idea. Non pochi teologi cattolici, sebbene non postulino apertamente un'essenza del concetto, tendono a collocarsi nella verticalità di una significazione che ne trascura il piano d'origine. Gilles Deleuze e Félix Guattari hanno posto la questione del concetto nel punto stesso in cui la sua ambiguità è maggiore: la filosofia. E – aggiungo – la teologia che adotta quel concetto, mutandone con ciò stesso il significato. Essi si proposero di togliere il pensiero del concetto dalla metafisica e dalla scienza e per questo hanno postulato dapprima che "non c'è concetto semplice", ma piuttosto una molteplicità di "componenti" concettuali; in seguito, che "ogni concetto rinvia a un problema, a problemi senza i quali non avrebbe senso"; infine, che "ogni concetto ha una storia[2]". Accolgo la lezione. E preciso che la storia del concetto non è riducibile alla genealogia della sua elaborazione, ma include gli incontri con altri concetti, che sono essi stessi dei problemi, legati ad altri concetti, ecc.[3]. Prima ancora del pensiero rizomatico e della questione del rapporto tra concetto e termine, Wittgenstein ci aveva insegnato che il significato

[2] Gilles Deleuze e Félix Guattari, *Qu'est-ce que la philosophie?*, Minuit, 1991, pp. 21-23.
[3] "In un concetto, ci sono il più delle volte dei pezzi o delle componenti provenienti da altri concetti, che rispondevano a altri problemi [...]. Un concetto ha un divenire che riguarda questa volta il suo rapporto con i concetti situati sullo stesso piano." (ibid.: 23).

di una parola è quello che è soltanto all'interno di uno specifico gioco linguistico.

Né lo stesso né il medesimo

Di qui nasce la necessità che ogni nuova generazione "converta" il concetto, ereditato dalla tradizione filosofico-teologica, alla "storia" che le è contemporanea. Questa operazione di conversione significa inserire il pensiero del concetto in un insieme di reti di discorso diverso da quello della elaborazione originaria nella quale un concetto si trova inserito per definizione e costituisce una sua nuova storicità, la quale ha per orizzonte l'infinito dei discorsi che il concetto non cessa di aprire. In ciò risiede la sua efficacia. Non è tanto una questione di esegesi dei testi di un autore – operazione che viene senz'altro attuata con rigore di metodo ed è fondamentale – ma di consapevolezza che un concetto è se stesso soltanto in rapporto a un movimento generale di concettualizzazione – o creazione operata dal pensatore – del contesto storico, sociale, culturale così come percepito e vissuto personalmente dal filosofo.

L'assunzione di un concetto – ad esempio dei concetti di "norma universale", "legge naturale" - al di fuori del piano storico e personale che lo ha prodotto, rimanda ad un semplice problema di "traduzione", come se fosse una questione di "modernizzare" il linguaggio, preferendo un termine contemporaneo a un termine che, invecchiando, ha apparentemente perduto forza semantica. Ma resta una ripetizione stucchevole che non "parla", perché non è inserita né inseribile nella discorsività di oggi. È indispensabile la conversione, nel senso etimologico di *convertĕre*, ossia trasformare, fare che una cosa divenga altra da quella che è, destinare ad uso diverso: da *cum*, rafforzativo, e *vertĕre*, ossia volgere, voltare. Dunque distogliere un concetto dal piano d'immanenza dell'origine e dall'atto concettualizzante del suo autore e volgerlo al piano d'immanenza attuale per un nuovo atto di concettualizzazione, trasformandolo così in un nuovo concetto, ovvero creando un concetto nuovo. Lo stesso punto di vista può essere espresso così: poiché l'uso di un concetto sollecita un sistema teorico interno, che è una discorsività[4], cioè una dinamica di relazioni con altri discorsi, individuali, collettivi, sociali, politici, religiosi, culturali, filtrati dal pensiero personale, la significatività di un discorso esige l'atto creativo di concetti nel piano d'immanenza contemporaneo, ossia nella fitta rete di rapporti interni ed esterni alla discorsività da cui l'atto concettualizzante prende avvio e che esso produce di ritorno, cioè esige l'interdiscorsività.

Questo libro

I cinque capitoli di questo libro sono quasi un esperimento di fare una conversione di alcuni concetti o categorie nel verso sopra illustrato. Si tratta invero della sfida a riformulare i concetti tradizionali, quali norme e comportamenti universali, (generalità), situazioni e comportamenti personali (diversità), legge naturale e natura, fede e speranza, per individuarne un assetto che non estranei il messaggio, ma si inserisca nella Weltanschauung contemporanea.

Mi sono chiesto spesso se sia un tentativo rizomatico o analitico. È rizomatico in quanto mette in discussione che i concetti abbiano

[4] In breve: mentre il discorso è un fatto linguistico, un'organizzazione sintagmatica, la discorsività abbraccia pratiche linguistiche e pratiche non linguistiche, quali comportamenti somatici significanti, preferenze ed inclinazioni personali, formazione culturale e spirituale, rapporti economici, sociali, politici, ecc.

una sorta di evoluzione storica lineare e cerca invece una circolazione aperta fra i concetti, favorendo percorsi differenziati e connessioni inedite; abbandona il senso tradizionale dell'univocità del significato e della produzione dialettica dei concetti e vuole costruire un pensiero aperto ed orizzontale ai diversi discorsi presenti nella nostra epoca.

D'altro canto le proposizioni 4.112-4.115 del *Tractatus Logico-Philosophicus* mi hanno offerto fin dall'inizio l'indicazione del compito filosofico[5].

In realtà ogni capitolo è il testo di una relazione presentata in giornate di studio diverse. Né sarà difficile notare moduli stilistici, linguistici e di analisi differenti, che rispondono ai cambiamenti del mio filosofare: dalla impostazione ontologica a quella della filosofia analitica a quella psicoanalitica. Per questo motivo ho voluto mantenere l'indicazione della data della prima stesura.

---

[5] 4.112 Scopo della filosofia è la chiarificazione logica dei pensieri. La filosofia è non una dottrina, ma un'attività. Un'opera filosofica consta essenzialmente d'illustrazioni. Risultato della filosofia non sono «proposizioni filosofiche», ma il chiarirsi di proposizioni. La filosofia deve chiarire e delimitare nettamente i pensieri che altrimenti, direi, sarebbero torbidi e indistinti.

4.113 La filosofia limita il campo disputabile della scienza naturale.

4.114 Essa deve delimitare il pensabile e con ciò l'impensabile. Essa deve delimitare l'impensabile dal di dentro, attraverso il pensabile.

4.115 Essa significherà l'indicibile rappresentando chiaro il dicibile [...]

1.
Si può Conciliare Generalità e Diversità?

19 ottobre 2007

Tra Dio e il singolo uomo esiste una relazione originale, irrepetibile ed esclusiva che fonda l'unicità di ciascun individuo. Per rispettare tale relazione costitutiva il singolo può e deve porsi al di fuori e al di sopra della Generalità. Quando il cristianesimo si istituisce in Generalità, tradisce l'Originario Rivolgersi divino e l'originato rivolgersi umano, mutando l'annuncio della liberazione in vincoli di spersonalizzazione.

1. Qualche precisazione semantica

Generalità. Uso il termine Generalità nel significato di "modo di pensare, di agire e di comportarsi secondo un insieme di principi, idee, regole, massime, che si pretendono universali, ossia validi ed obbliganti per ogni essere umano, costituendosi per ciò stesso come giudizio di valore sociale ed etico nei confronti del pensiero, dell'azione e del comportamento dei singoli".

Differenza. Uso il termine differenza secondo il significato del suo etimo. Differenza/differente viene dal verbo latino *differre*, formato da "di(s)", che indica allontanamento e da "*ferre*" che vuol dire "portare". Il significato è dunque "portare via da" allontanare, separare l'uno dall'altro, disgiungere. È pertanto un termine "relativo", in quanto suppone una relazione a qualcosa da cui si porta via qualcos'altro ovvero ci si allontana.

Diversità. Dal verbo latino "*divèrtere*" (supino "*diversum*") formato da "di(s)", che come sopra dice allontanamento, e da "*vertere*", cioè "volgere, volgersi, voltare". La diversità è dunque "volgere via da una parte per rivolgersi verso un'altra parte". Anch'esso dice relazione a: per esempio, "monte ad mare divertit" = dalla montagna si volse verso il mare.

Alterità. Dal latino tardo "*alteritas*", derivato di "*alter*". In greco "altro" si dice "*al-los*" a sua volta da "*al-jjos*". Alla radice "al-" si connettono, per esempio, i termini greci "*allásso*" (= io cambio) "*allótrios*" (= alieno), "*allachè*" (= altrove). Indubbiamente il termine latino "*alter*" è affine ad "*ultra*" (= al di là). Alterità è la non riconducibilità a qualcosa o a qualcuno, neppure secondo un aspetto singolare; la non identità a.

Tra differenza, diversità e alterità vi è dunque uno scarto semantico. La differenza fa riferimento all'atto di disgiungere, di separare; la diversità suppone un confronto per precisare la peculiarità di ciascuno; l'alterità dice la non riconducibilità costitutiva del "sé".

2. Il Rivolgersi originario, l'Individuo e la Generalità[6]

La Generalità impedisce di pensare il rapporto Dio-uomo come rapporto essenziale e con ciò occulta il volto di Dio e il volto dell'uomo. Pensare il rapporto come rapporto essenziale vuol dire innanzitutto non poterlo considerare come relazione o rivolgersi di due, perché, in tal caso, i due sarebbero anteriori al rapporto che li

[6] Per questo capitoletto e per il successivo sono debitore al pensiero di J. B. Lotz, *Der Mensch im Sein*, Herder, Freiburg (Breisgau) 1967.

pone come due, cioè il rapporto non sarebbe essenziale. Inoltre vuol dire pensarlo secondo il senso verbale dell'essenza, cioè come "venire alla presenza, accadere, avvenire (ad-venire), comunicar-si"[7]. Per scoprire Dio è dunque necessario abbandonare la Generalità, perché essa pensa Dio secondo le categorie che ne fanno una proiezione proteiforme di sé stessa. Più precisamente Dio si presenta come il "rivolgersi"; egli "riposa nel rivolgersi", sicché questo atto non può mai soltanto venire aggiunto all'essere divino[8]. Alla questione se Dio sia qualcosa in sé e per sé che inoltre si rivolge all'uomo, bisogna rispondere che probabilmente il rivolgersi stesso è ciò che chiamiamo Dio.

Correlativamente anche l'uomo è innanzitutto un rivolgersi, ma un rivolgersi non originario, giacché il suo fondamento riposa nel rivolgersi divino. Il rivolgersi divino fa accadere quel rivolgersi che è l'uomo. Qui la parola-chiave è "accadere". L'accadere del rivolgersi, in quanto non si lascia pensare essenzialmente, rivendica la non appartenenza alla Generalità e così salva l'irriducibilità di ogni uomo. La concreta e singola realtà di ciascun essere umano è identità-diversità. Non è un annodamento (*Verflechtung*) di due livelli, quello dell'identità e quello della diversità, né una loro comunanza che annienta la diversità nell'unità: l'unità di diversità-identità sarebbe tale soltanto per il fatto che il pensiero pensa come collegate l'identità e la diversità pensate a due livelli separati.

Pensare l'individuo come unione di identità-diversità sarebbe restare prigionieri del pensiero rappresentativo che proietta davanti a sé i vari contenuti, le determinazioni del suo affermare, incapace di fare un passo indietro rispetto ad esse.

---

[7] In tedesco "essenza" si dice "Wesen" dalla stessa radice del verbo "werden" che appunto significa diventare, nascere, accadere. In latino il termine *essentia* è il sostantivo che i filosofi hanno formato – sulla scorta del greco οὐσία, dal participio presente di εἰμί = essere – per indicare il modo in cui il qualcosa è, appare a noi, diventa cosa di questo mondo.

[8] M. Heidegger, *Zur Seinsfrage*, in *Wegmarken*, Klostermann, Frankfurt a. M. 1976, pag. 408. Ciò che Heidegger dice dell'essere, noi lo riferiamo a Dio.

3. La necessaria non affermazione della Generalità

Tentando una riaffermazione della Generalità, l'individuo perde sé stesso come appartenenza. L'affermazione della diversità può sembrare il tentativo dell'individuo di superare la propria creaturalità e autocrearsi nell'assolutezza soggettiva. In realtà è vero l'opposto: l'affermazione della Generalità sull'individuale si tramuta in ideologia e ideologismo: quando si pretende che l'individuo faccia propria la Generalità, l'individuo viene privato di sé stesso come appartenenza all'accadimento del rivolgersi.

L'identità-diversità ha il suo punto di salvezza pressoché inesprimibile e indeterminabile nella Parola assoluta e originaria: unità che non annulla, ma produce ogni diversità; verità essenziante libera da ogni norma precostituita e perciò liberatrice; diversità-libertà che al pensiero della Generalità appare come perdita ed invece è "gioiello ricco e fine"[9], perché è rinuncia ad ogni forma di possesso, dominio e secolarizzazione della verità e dei valori.

La non affermazione della Generalità è liberatrice perché fonda, senza tuttavia assicurarla né garantirla, la indefinita possibilità di reali "eventi" da accogliere nella loro "proprietà" singolarmente irrepetibile, tali da fornire senso all'accadere del singolo uomo e anche alla singolarità della specie umana, del resto fatta soltanto di singoli in ogni suo membro e momento del suo vivere. La concreta e singolare realtà dell'identico-diverso, cioè dell'individuo umano, non è questione di parole o di operazioni "culturali" e non consiste neppure in una mitica ed alterante "separazione" dell'uno. È anche agli antipodi della dialettica identità-diversità, come l'Assoluto è infinitamente distante dalla dialettica soggettività-Generalità.

---

[9] "Kleinod reich und zart": Stefan George, *Das Wort*, v.8.

4. Generalità e Verità

Il tempo dovrebbe dischiudere l'indefinita possibilità di reali eventi. Come tale non si dà – e neppure si annulla – con operazioni culturali, positive o negative che siano, nel senso della *Bildung*. Queste operazioni non possono che ignorare l'evento e far risplendere l'impossibilità di una diversità dell'evento dal costruire, l'impossibilità di identificare l'evento tramite la diversità dalla volontà di potenza. A far apparire la volontà di potenza quasi come condizione del darsi dell'evento è la capacità dell'uomo di rifiutare il proprio limite reale, che invece andrebbe accettato come segno di non originarietà. Questo rifiuto consente di configurare la verità come possesso, mentre essa è in realtà un erramento, in quanto la volontà di verità si costituisce come un fuggire la verità. Con ciò la volontà di verità, che è volontà di potere la verità, non è liberazione, ma schiavitù: schiava del proprio errare in quanto fugge la verità dell'uomo, ossia il rivolgersi stesso o l'accadere come tale. L'unico esercizio di libertà sembra poter essere quello di assenso e consenso all'accadere dell'evento: esercizio che assume la forma dell'oblio della volontà di verità, quindi dell'errore.

Se l'originario è l'accadere o il rivolgersi stesso, allora l'insistenza nella volontà dell'identità, non può configurarsi altrimenti che come erramento. Con ciò la volontà di imporre la conformità alla Generalità come condizione per essere nella verità, non solo è volontà di annullare la diversità, ma è soprattutto l'inconscia volontà di affermare l'erramento e dunque di negare la verità intesa come accadere singolare o il rivolgersi che costituisce il singolo.

5. Dio, il totalmente Altro, l'Unicità individuale e la Generalità

Non si tratta di destituire d'ogni validità le normali procedure logiche, ma di spezzare l'identità immediata tra Generalità e ragione. Più propriamente si tratta di acquisire la consapevolezza che la ragione – anche la cosiddetta «retta ragione» - è sempre condizionata e tra essa ed il Logos c'è radicale alterità. È una delle grandi lezioni dei teologi tedeschi quali R. Otto e Karl Barth, ma prima ancora è un concetto della teologia negativa d'Agostino d'Ippona ripreso poi addirittura dalle ultime opere di Theodor Adorno e Max Horkheimer. Insomma si dovrebbe «accertare» continuamente la prospettiva del "totalmente altro" nella persona singolare e «inverare» la singolarità nella totale alterità del Logos. Questo movimento è senz'altro paradossale e persino contraditorio, come correttamente afferma Secondo Bongiovanni[10] . Ma non si tratta di un esercizio logico, che riaffermerebbe l'identità – immediata o mediata, poco importa - tra Generalità e Ragione[11]. È questione di prendere seriamente la lezione evangelica "*siate perfetti come è perfetto il Padre vostro che è nei cieli*" (Mt 5:48) anche se siete insuperabilmente segnati dall'imperfezione; o quella di S. Agostino "*Tu autem eras interior intimo meo et superior summo meo*"[12]. Ogni essere umano sa, o almeno intuisce, di essere costituito nella sua diversità per una inconfondibile relazione con "Il totalmente altro" – per il credente "*Der ganz Andere Gott*" - del quale non possiamo

[10] vedi p. es. pp 125 – 126 del suo volume *Lasciar-essere: riconoscere Dio nel pensare. Studi di teologia filosofica I*, ed. Il pozzo di Giacobbe, 2007.

[1111] Platone, specialmente nei dialoghi dialettici, muovendo dall'opposizione eleatica dell'essere al non essere o, più esattamente, di «quel che è» a «quel che non è», riconosce come, in questo secondo termine dell'antitesi, il «non essere» si risolva nell'«essere altro». Viene così risolta la mera negatività di ciascuna idea rispetto alle altre, e fondata la possibilità della predicazione e partecipazione reciproca delle idee. Con Hegel il problema dell'«essere altro» (*Anderssein*) torna a presentarsi connesso con quello del «non essere» (*Nichtsein*): come dall'antitesi del «non essere» all'«essere» si genera il «divenire», così dal reciproco e indefinito convertirsi dell'«alcunché» (*Etwas*) in «altro» (*Anderes*) nasce il processo all'infinito, della «cattiva infinità» (*das Schlecht-Unendliche*).

[12] *Confessiones*, lib. III, VI, 11 Tu eri più interno della mia parte più interna e più alto della mia parte più alta.

formarci rappresentazione concettuale positiva. Quando un essere umano afferma "io sono io" pone, dal punto di vista logico, una mera tautologia, che nasconde la forma più complessa "io non sono il non io". Questa tautologia o questa doppia negazione che afferma l'io negando il suo contraddittorio, è il modo – l'unico forse – in cui l'io "impone" (nel significato etimologico di porre in evidenza) il suo sé non riconducibile al sé dei suoi simili, ovvero il suo nucleo di diversità[13]. Questo infatti è il punto: gli esseri umani non sono soltanto simili, perché differenti tra loro[14], ma sono anche tra loro diversi per qualcosa che non è assimilabile o paragonabile ai simili[15]. Questo qualcosa è la totale alterità del volgersi ovvero il Volgersi che nel totalmente altro del suo volgersi fa di ogni essere umano una diversità. La diversità di ogni persona è dunque una concrezione della assoluta alterità del volgersi stesso, sicché essa è in quanto rivolgersi al quel singolare e inedito volgersi che è il totalmente altro. Con ciò si ha l'individuo come libertà, condizionata dall'essere il rivolgersi al Volgersi essenziante totalmente libero.

6. Cristianesimo e Generalità

Il rischio è che questa "concrezione" resti nascosta nel segreto. Eppure è ovvio "ai più" – anche se non lo ammettono apertamente, ma soltanto lo lasciano intravedere da alcuni piccoli particolari - che questa "concrezione" è secretata nel privato. Questa ovvietà dovrebbe far pensare. Perché è ovvio? E per chi è ovvio? È ovvio perché una simile assunzione è antitetica alla Generalità, rappresenta una forza

[13] In modo semplice: quando non sai se ti trovi di fronte a una coppia di parole, o proposizioni, contrarie oppure contraddittorie, chiediti sempre se ammettono una terza possibilità. Se la risposta è affermativa, hai una coppia di termini contrari (o di proposizioni contrarie), altrimenti sono contraddittori.

[14] Si rammenti il celeberrimo *principium individuationis* formulato dalla scolastica: materia signata quantitate; la quantità comporta l'occupazione di spazi separati, quindi la differenza.

[15] Ancora una volta ripeto la definizione scolastica: "diversa sunt ea quae seipsis differunt, differentia quae aliquo conveniunt, aliquo alio differunt" (S. Thoma, Contra Gentes, I, 17). L'alterità non è la sintesi di differenza e diversità.

che minaccia la Generalità in quanto tale, prospetta alla Generalità la possibilità o la necessità di non essere più ciò che vuole essere, persino afferma che la Generalità non è ciò che pretende d'essere, proprio perché c'è "altro". Con ciò si è anche detto che, per chi fa suo il punto di vista della Generalità, l'iniziativa del Volgersi assoluto che dà vita al rivolgersi corrispondente, non ha diritto di cittadinanza nella società civile e neppure nella Chiesa. A meno che ... A meno che si presuma che la Generalità stessa possa modificarsi, o addirittura lo si esiga. E lo si può presumere/esigere soltanto se la Generalità è intesa non più come un dato immediato, naturalistico, intrinsecamente necessario e rigorosamente universale, bensì come un prodotto culturale di determinati gruppi umani individuati nello spazio, nel tempo e nell'intreccio di precise situazioni. In altri termini si può pretendere il cambiamento della Generalità a condizione di intenderla come espressione di una volontà di potenza. Non sembra che si possano accettare la suddivisione della Generalità in un nucleo universale e necessario, cioè eterno, e strati contingenti, particolari, mutevoli, né la possibilità di sottoporla a critica da un punto di vista diverso, quello per esempio di Dio. L'impresa risulta infatti in sé contraddittoria. O alcune stratificazioni non fanno parte della Generalità e come tali è la Generalità ad espellerli dal suo dominio, o sono elementi della Generalità e allora non c'è altro punto di vista da cui muovere per criticarli all'infuori di quello della Generalità stessa: la Generalità giudica da sé alcuni punti di vista come non retti o errati o patologici rispetto a se stessa. Quanto al punto di vista di Dio che si vorrebbe assumere come prospettiva di giudizio della Generalità stessa, si veda che ciò risulta possibile in quanto si afferma l'alterità delle due logiche e soprattutto in quanto si destituisce la Generalità della qualifica della "naturalità": Dio e la natura come contrari, *ex supposito*, non possono essere pensati. E allora persino l'annuncio della Buona Notizia cristiana, sulla bocca dei "generalisti", è annuncio della medesimezza. "Devi essere buono; il Signore ti dà la forza di convertirti e diventare buono, cioè di sconfiggere il tuo egoismo, i tuoi impulsi sessuali, l'odio, l'invidia, la gelosia, l'avidità, ecc.". Questa è la medesimezza dell'identico. Beninteso, ogni essere umano ha bisogno di essere liberato da Cristo Signore e di abbandonare le "opere della carne", per usare un'espressione cara all'apostolo Paolo[16]; ma può e/o deve il Vangelo coincidere col dominio della Generalità? È forse questa la distretta in cui viene a trovarsi l'evangelizzazione delle società occidentali, quella, dico, tra la "struttura di peccato" generata dalla Generalità e l'aspirazione alla propria diversità da parte dei singoli[17]. Una distretta tremenda, là dove si dovesse riconoscere che la logica della fede in Cristo Gesù e quella della Generalità si risolvono nell'unidimensionalità della medesimezza, che scomporrebbe la fede in un fondamento essenziale fatto di precetti comportamentali e in un'aggiunta sacralizzante costituita dal "credo". Ed è in questa angustia che l'uomo occidentale si trova, quella cioè di sacrificare o sé stesso o la fede percepita come tutt'uno con la Generalità (per non dire la Generalità che è la fede). Angustia tanto più tragica ed angosciosa, se lo sguardo lucido e trasparente, giunge a riconoscere nell'unidimensionalità della medesimezza della fede e della Generalità la *reductio ad unum* della Parola e della logica umana.

[16] Gal 5, 17 e paralleli.

[17] Ad esempio leggiamo in *Rm 4*: 15 La Legge infatti provoca l'ira; al contrario, dove non c'è Legge, non c'è nemmeno trasgressione. In *Rm 7*: 5 Quando infatti eravamo nella debolezza della carne, le passioni peccaminose, stimolate dalla Legge, si scatenavano nelle nostre membra al fine di portare frutti per la morte. 6 Ora invece, morti a ciò che ci teneva prigionieri, siamo stati liberati dalla Legge per servire secondo lo Spirito, che è nuovo, e non secondo la lettera, che è antiquata. 7 Che diremo dunque? Che la Legge è peccato? No, certamente! Però io non ho conosciuto il peccato se non mediante la Legge. Infatti non avrei conosciuto la concupiscenza, se la Legge non avesse detto: Non desiderare. 8 Ma, presa l'occasione, il peccato scatenò in me, mediante il comandamento, ogni sorta di desideri. Senza la Legge infatti il peccato è morto. 9 E un tempo io vivevo senza la Legge ma, sopraggiunto il precetto, il peccato ha ripreso vita ... e in *1Cor 15*: 56 Il pungiglione della morte è il peccato e la forza del peccato è la Legge. 57 Siano rese grazie a Dio, che ci dà la vittoria per mezzo del Signore nostro Gesù Cristo!

7. L'evangelizzazione inceppata

Dovrebbe essere possibile un modo di porsi sopra la Generalità che non sia reato e non sia peccato. O non dovrebbe esserlo affatto. O di fatto non è possibile. Che non sia e non possa essere possibile nello Stato è conseguenza necessaria dell'essere lo Stato una struttura, anzi la struttura delle strutture. E la struttura – ogni struttura - è condizionamento, limitazione, sofferenza. Necessaria quanto si vuole. Ma sempre ha in sé il meccanismo della compressione e della coercizione. È strutturale alla struttura. Che dunque nell'esteriorità statale non possa esservi spazio per la non conformità alla Generalità, va da sé.

Ma che non sia e non debba essere possibile nella Chiesa, intesa come comunione della fede, ecco ciò che dovrebbe fare problema. Che neppure la dimensione della fede debba affermarsi come incommensurabile con la Generalità, questo dovrebbe dare da pensare. Certo, l'uomo -della – religione ribatte che l'ordine dei termini va capovolto: è la Generalità a non doversi affermare come incommensurabile alla fede. L'osservazione è sottile, perché dietro il termine "incommensurabile" si può leggere l'aggettivo "diversa". E nella prospettiva del *uomo-della-religione* è la Generalità a non doversi affermare come "diversa" dalla fede. Ma si ripresenta la domanda: quale fede? E si ripropone la risposta: la fede identificata come insieme di regole morali che si vogliono fondate nella fede in Dio e inscindibili da essa. Al riguardo si apre un argomento vasto e complesso, che esula dal tema di queste pagine[18].

---

[18] Mi limito a due generiche osservazioni. Innanzitutto assumo come scontato che fede e religione non sono la stessa cosa. La fede, in senso cristiano, è l'adesione di tutta la persona - intelligenza, volontà, affettività - a Cristo morto e risorto. Essa si esprime nel modo di vivere conforme al Vangelo e nelle celebrazioni liturgiche che ripropongono il mistero della salvezza rendendolo nostro contemporaneo. La fede non è la religione, ma in essa trova espressione e ad essa è strutturalmente legata. La religione senza fede, è una vita etica e una ritualità celebrata in cui manca l'adesione vitale della persona a Cristo morto e risorto, riducendosi ad un formalismo senza sostanza. In secondo luogo la fondazione cristocentrica della morale cristiana, raccomandata dal Concilio Vaticano II e ribadita nella sua necessità dalla Veritatis Splendor, rimane a livello "trascendentale", lasciando uno spazio ermeneutico rispetto alla

Resta il fatto che ancor oggi, anzi oggi più di ieri, la condanna del diffalco tra comportamento e religione è l'affermazione indiretta dell'unità di fede morale (heu!?), ragione, struttura, come unità senza soluzione di continuità e di diversità. Di più, si è surrettiziamente in presenza dell'antica tentazione del monopolio sulla "*recta ratio*" da parte della Generalità - Religione. Dico "monopolio", perché è senz'altro vero che ciò che la fede crede non è irrazionale e in questo senso è omogeneo alla ragione, sebbene non circoscritto ai limiti di essa; ma è altrettanto fuori discussione che la "logica" del *Ganz Andere Gott* e la *recta ratio* non si equivalgono. E ancor meno ammissibile sembra la risoluzione dell'una nell'altra senza residui, se si tiene conto dell'alterità delle due che K. Barth, e non egli solo, ha con forza sottolineato. La logica della fede, in quanto ha sposato la logica divina, è "*völlig andere*" rispetto a quella umana o, usurpando un'espressione kierkegaardiana, è "infinita differenza qualitativa" rispetto alla Generalità.

Il problema in realtà è quello della religione. Ci si deve allora domandare su quale base la Chiesa presuma che i suoi precetti morali risolvano in sé il dominio della *recta ratio* o almeno coincidano con

norma "categoriale". Stabilito che l'esistenza umana di Gesù Cristo è la rivelazione perfetta e insuperabile della volontà del Padre: quindi è forma normativa dell'esistenza umana (H.U. von Balthasar), abbiamo certamente detto che il cristiano, mediante lo Spirito Santo che ha ricevuto, deve muoversi nella direzione del dono di sé a Dio Padre ed al prossimo ad immagine di Cristo Signore, ma non abbiamo ancora declinato che cosa concretamente ciò comporti. Vuole forse dire che il cristiano deve farsi inchiodare sulla croce? Ammesso e non concesso questo estremo dovere, rimane in ogni caso un altro aspetto da considerare. La Chiesa cattolica afferma di essere la custode e l'interprete *autentica* della "legge naturale" in quanto Cristo è il compimento perfetto dell'intera legge (naturale, anticotestamentaria e nuovotestamentaria) (VS 15) ed "È lui il Principio che, avendo assunto la natura umana, la illumina definitivamente nei suoi elementi costitutivi" (VS 53). In quanto interprete autentica della legge naturale, i suoi precetti morali (ad esempio: l'aborto è peccato, l'eutanasia è peccato) avrebbero valore universale, ossia sarebbero validi per tutti gli esseri umani, anche se atei. Non è difficile vedere che questo ragionamento, necessariamente semplificato, è esso stesso un contenuto di fede, si fonda su una proposizione di fede cristiana. Ci si deve chiedere: perché una persona atea dovrebbe osservare un precetto che discende da una posizione di fede cristiana? In conclusione tre sono – a mio parere – i compiti imprescindibili da assolvere; **ad intra**: 1. necessità di una fondazione cristocentrica della morale cristiana. 2. Necessità di esplicitare come si passa dal Mistero di Cristo alle determinazioni particolari del giudizio morale. **Ad extra**: necessità di giustificarne la pretesa di valenza umana universale, ossia in che modo il riferimento al mistero di Cristo, permette di salvaguardare l'apertura razionale e universale della esperienza etica.

il suo esercizio[19]. Il problema potrebbe forse porsi nei termini dell'individuazione di almeno un criterio in base al quale la ragione pratica possa e debba riconoscere nella morale cattolica la sua esaustiva risoluzione. Certo si può essere religiosi, senza essere credenti. Certo non si dovrebbe essere religiosi senza avere fede. Certo, da un punto di vista della tradizione cattolica, non si dovrebbe essere credenti senza essere religiosi. Detto così, il problema è troppo semplificato ed elude i suoi termini reali. Il fatto è di sapere che cosa sia irrinunciabile nella religione e che cosa invece ne sia soltanto sovrastruttura. Irrinunciabile è la fede da parte dell'uomo nella Parola di Dio; cioè irrinunciabile è la Parola di Dio cui l'uomo deve prestare il suo assenso di fede. Ma la Parola di Dio non può non essere interpretata. E la Chiesa da sempre, fin dal primo annuncio, interpreta la parola di Dio. Dovrebbe essere ormai acquisito che nella Chiesa non tutto appartiene al *depositum fidei*, ma molto è figlio del tempo. Il problema diventa sapere quanto il molto figlio del tempo influisca sull'interpretazione della Parola di Dio. Il problema non può essere eluso facendo ricorso al carisma dell'interpretazione autentica della Scrittura. Certo nella Chiesa è operante questo carisma. Ma esso necessariamente si esercita e si esprime attraverso e dentro il molto figlio del tempo. Così ci si ritrova nuovamente a dovere fare i conti con la ragione umana, con la Generalità. Dovrebbe essere oramai acquisito che la ragione umana nel costituire i suoi giudizi non è sovratemporale e non è una *Menschengemeinvernunft*. Una brutta e cattiva faccenda. Perché qui ci muoviamo tra opposte esigenze, che

[19] Gregorio da Rimini (1278 – 1358 eremitano di S. Agostino, teologo e filosofo) sosteneva che l'atto è giusto o sbagliato indipendentemente da chi lo comanda o lo vieta, e che tale sarebbe anche se non esistessero né Dio né il soggetto agente. A qualificare un atto come giusto o non giusto – affermava Gregorio - è la *recta ratio*. Ma, diversamente da quanto sostenuto dalla filosofia e dalla teologia cattoliche, per Gregorio da Rimini la *ratio* non è *recta* in sé e per sé, e non è neppure immutabile ed infallibile; essa è *recta* quando il soggetto la usa come meglio può, per cui a qualificare la *ratio* come *recta* concorrono soltanto *propositiones locutiones*. Ne viene che il ragionamento su ciò che è giusto e ciò che non lo è si apre ad un moderato relativismo, caratterizzato dal divisare empirico - critico, e pertanto sempre rivedibile. Di qui la celebre clausola "*sine praeiudicio melioris sententiae*" che dovrebbe essere sottesa ad ogni valutazione morale e giuridica (GREGORII ARIMINENSIS, *Lectura super primum et secundum sententiarum*, a cura di A. Damasus Trapp, W. Venicio Marcolino, Walter de Gruyter, Berlin-New York, 1981, Vol. I, p. 20).

possono diventare Scilla e Cariddi. La tentazione è la mediazione dialettica, che è l'opera della ragione divenuta diabolica. Oppure il dialogo, che è l'operazione di Sisifo. La prima mira ad interiorizzare la struttura della Generalità. Così la conciliazione tra Generalità e singolarità è compiuta togliendo alla Generalità la connotazione stessa dell'esteriorità che la qualifica come ciò a cui conformarsi. Allora vivere nella colpa diventa un diritto di chi riconosce se stesso nel peccato. Col che si ha la rivincita del significato meramente coscienziale del superamento del conflitto, avvenuto di fatto perdendo la diversità a favore dell'introiezione conformante della Generalità. Il secondo, parlando e discutendo, cavillando e paralogizzando, ratificando e cofirmando, evita strategicamente lo scontro aperto e lascia che tutto resti lo stesso e il medesimo: rette parallele tra le quali si tracciano rapsodicamente dei segmenti di congiunzione, sempre provvisori, sempre mutabili e sempre instabili, illusioni fugaci di avere compiuto significativi avvicinamenti.

Si tratta allora di rendersi conto che la vita morale, nel suo sviluppo storico, può e deve assumere configurazioni diverse che - si presuppone - non sono dettate semplicemente da atteggiamenti passionali o emotivi, ma sono giustificate dalla persuasione razionalmente argomentabile circa la superiorità di certi beni ritenuti essenziali per la realizzazione piena della singola persona e di una società.

2.

Parlare di oggettività dei valori oggi

4 aprile 2000

Intorno ai beni che si ritengono di valore fondamentale per le singole persone e per l'intero vivere sociale, è possibile ragionare e dibattere al fine di raggiungere la controllabilità di una posizione etica, che, in quanto controllabile razionalmente, anche se non sperimentalmente, può dirsi oggettiva. Soggettività e oggettività sono, dunque, due aspetti dell'etica non soltanto necessari, ma anche inscindibili: le esigenze dell'azione e quelle della verità pratica impongono la deliberazione e la scelta, tutto considerato.

È bene dichiarare subito che riguardo ai valori sono un costruttivista: questione di obiettività. Così distinguo fin dall'inizio tra obiettività ed oggettività. La prima è propria del soggetto locutore o scrittore che manifesta esplicitamente presupposti, pregiudizi, premesse e scopi del suo pensiero. L'oggettività invece si contrappone alla soggettività; è la pretesa di "verità" o di "realtà" attribuita a qualcosa; nel caso di una proposizione dico che essa è oggettiva quando è controllabile. Dunque l'obiettività non garantisce l'oggettività.

A riguardo dei valori pongo la questione della loro oggettività nei seguenti termini: affermare che un valore è "oggettivo" può avere un senso almeno parzialmente diverso dal voler dire che è reale o che è vero[20]?

[20]C. Wright, *Truth and Objectivity*, Harvard University Press, Cambridge, Mass., 1992. F. Viola, *Oggettività e Verità dei valori morali*, in C. Vigna (a cura di), *Essere giusti con l'altro*, Rosenberg & Sellier, Torino 1999, pp. 25 ss.

Siamo di fronte in effetti ad un problema molto dibattuto in ambito filosofico[21] ed ha una valenza transculturale.

Tra ermeneutica, intuizione sentimentale e svolta analitica

L'ermeneutica heideggeriana si pone in esplicito contrasto con la pretesa oggettività dei valori affermata dalla "filosofia dei valori" di Scheler, dietro la quale, secondo la lettura di Nietzsche, c'è la volontà di potenza dei deboli che, incapaci di creare valori personali, vogliono la rivincita sugli *Übermenschen* asserendo l'esistenza oggettiva di valori intoccabili a cui tutti sono obbligati. L'oggettività, nel senso che un oggetto è sempre tale solo per un soggetto e pertanto discende dalla capacità conoscitiva e volitiva di questo - come d'altronde non si può parlare di soggetto se non in correlazione ad un oggetto - è l'eredità resistente della struttura epistemologica moderna. Viceversa la filosofia dei valori parla di oggettività in quanto sottrae la determinazione dei valori dal ragionamento pratico e dalla problematica esistenziale della scelta e così misconosce il soggetto concreto nella sua storicità e individualità. L'oggettività, dunque, è condannata dall'intuizionismo in ragione della sua "soggettività" e dall'ermeneutica a motivo dell'assenza di storicità[22].

Il tentativo di evitare il relativismo etico

L'istanza di fondo è perseguire un'oggettività dei valori che non sia metafisica.

Per H. G. Gadamer si tratta di trovare il modo di salvare da un lato lo statuto storico dei valori senza consegnarli al mero relativismo

---

[21] F. D'Agostini, *Analitici e continentali. Guida alla filosofia degli ultimi trent'anni,* Cortina, Milano 1997 e S. Cremaschi (a cura di), *Filosofia analitica e filosofia continentale,* La Nuova Italia, Firenze 1997.

[22] Cfr. F. Botturi., *Ermeneutica e valori,* in "Ragion pratica", 3, 1995, 4, pp.169–185.

culturale, e dall'altro la loro assolutezza senza ricorrere ad una prospettiva ontologica. Diventa così fondamentale comprendere lo statuto dei valori caratterizzato insieme dalla sua dipendenza da un ethos determinato e dalla sua pretesa di assolutezza, evitando di aggrovigliarsi nei rapporti tra soggettività e oggettività.

Un orientamento simile, sebbene in tutt'altro orizzonte concettuale, è presente anche nella filosofia analitica nella quale spesso la questione dell'oggettività dei valori è condizionata dal risorgente "realismo morale"[23].

Secondo il neorealismo morale esistono i fatti morali in modo simile ai fatti naturali e, come quest'ultimi, essi non dipendono dalle conoscenze e dalle credenze umane. È palesemente una sorta di realismo metafisico che comporta il carattere descrittivo delle proposizioni morali e l'assunzione della teoria della verità come corrispondenza della conoscenza umana al mondo esterno. In fin dei conti è una posizione speculare alla filosofia dei valori contestata da Heidegger e da Gadamer. Pur rifiutando il realismo morale, esso costituisce buona parte della filosofia analitica attuale, si colloca tra il realismo morale e lo scetticismo etico[24] e tenta di elaborare una nozione di oggettività che salvi la morale dall'arbitrio soggettivo ed al tempo stesso non affermi l'assolutezza dei valori[25]. Questa oggettività debole (*modest*) asserisce che i fatti morali dipendono da noi, ma non dalle nostre attuali credenze, sicché condivide con l'oggettivismo

---

[23] Cfr., ad es., G. Sayre-McCord (ed.), *Essays on Moral Realism,* Cornell University Press, Ithaca, N.Y., 1988 e S. Lovibond, *Realism and Imagination in Ethics,* University of Minnesota Press, Minneapolis, Minn., 1983. Ma assistiamo anche alla fioritura di varie forme di realismo morale, da quello che punta sulle disposizioni del soggetto al c.d. "quasi-realismo". Cfr. B. Brower, *Dispositional Ethical Realism,* in "Ethics", 103, 1993; M. Johnston, *Dispositional Theories of Value,* in "Proceedings of Aristotelian Society", 63, 1989 e S. Blackburn, *Essays in Quasi-Realism*, Oxford University Press, Oxford 1992.

[24]È ormai evidente che ridurre la conoscenza oggettiva alla fisica e ai fatti fisici significa non riuscire a spiegare neppure quella dei fatti semantici, che resistono al trattamento fisicalista allo stesso modo dei fatti giuridici e morali. La stessa possibilità della scienza fisica riposa sui fatti semantici. Cfr. H. Putnam, *Are moral and legal values made or discovered?,* in "Legal Theory", 1, 1995, p.16.

[25]Emblematico a questo proposito è R. Dworkin, *Objectivity and Truth: You'd Better Believe It,* in "Philosophy & Public Affairs", 25, 1996, n.2.

forte l'idea che la verità non dipende dall'opinione della maggioranza, e con quello debole la prospettiva anti-realista[26].

Oggettività

Anche chi non è kantiano può ammettere che noi conosciamo la verità secondo le modalità dell'intelligenza umana (*ad modum cognoscentis*). Coloro che sostengono l'oggettività del conoscere, non negano che quando si parla di "oggettività" ci si riferisca ad una conoscenza e quindi ad un soggetto conoscente, ma ritengono che questa dipendenza della conoscenza dalle modalità strutturali dell'intelligenza umana sia del tutto irrilevante in rapporto al contenuto della conoscenza stessa. In questo senso i contenuti della conoscenza sono "oggettivi", sebbene il nostro conoscere dipenda dalla struttura della nostra soggettività. Non avrebbe, infatti, senso affermare che i valori esistono anche se non possiamo conoscerli, perché in tal caso non potremmo mai sapere se esistono o meno. Si tratterebbe di una pura e semplice petizione di principio. L'oggettività è palesemente una qualità della conoscenza, che con ciò si afferma essere indipendente dalle modalità della soggettività e con ciò stesso comunicabile e assoluta.

Trattando del problema morale è interessante spendere qualche parola sul rapporto tra oggettività e determinazione, oggettività e obiettività.

---

[26]Parlano di *modest objectivity* J.L. Coleman e B. Leiter, *Determinacy, Objectivity, and Authority*, in A. Marmor (ed.), *Law and Interpretation. Essays in Legal Philosophy*, Clarendon Press, Oxford 1995, pp.203-278 e anche, più di recente, V. Villa, *Costruttivismo e teorie del diritto,* Giappichelli, Torino 1999.

Oggettività e determinatezza.

Il problema della determinatezza dei valori è molto importante ai fini dell'interpretazione del diritto e dell'ethos dominante[27]. Anche se i valori fossero soggettivi quanto ad esistenza (perché, ad esempio, sono le preferenze di un soggetto), dovrebbero essere "oggettivi" quanto ad identificabilità, nel senso che devono essere adeguatamente determinati e identificabili. Infatti soltanto intorno a valori ben identificabili è possibile intrecciare un ragionamento pratico e, pertanto, sottoporli a critica razionale e vedere se i singoli casi siano istanziazioni dello stesso valore.

In questo campo si sta svolgendo una disputa molto interessante tra analitici ed ermeneutici, fra coloro che vedono nella determinatezza una caratteristica fondamentale per i valori e coloro che al contrario sottolineano i pregi della vaghezza dei valori.

Oggettività e obiettività.

Alcune dottrine morali o politiche affermano di essere "oggettive" per il fatto di poter accogliere in linea di principio tutte le preferenze possibili. Il liberalismo, ad esempio quello "politico e non metafisico" di Rawls, sostiene di avere alla base valori "neutrali" all'interno dei quali si possono articolare i piani di vita più diversi ispirati a valori "non neutrali", cioè a preferenze soggettive. Ma ha senso parlare di "valori neutrali"? L'oggettività procedurale non cela in sé una presa di posizione nei confronti di alcuni valori che dichiara fondamentali?

---

[27]Cfr., ad esempio, B. Bix, *Law, Langage, and Legal Determinacy,* Clarendon Press, Oxford 1993.

Rawls afferma che l'oggettività deve soddisfare cinque requisiti[28]:

1) deve essere pubblicamente riconoscibile attraverso i normali poteri razionali;

2) deve avere una definizione chiara e precisa di "giudizio corretto";

3) deve specificare un ordine delle ragioni fornite dai suoi princìpi e assegnare queste ragioni ad agenti in grado di ponderarle per guidare la loro azione;

4) deve essere in grado di fornire criteri per distinguere il punto di vista oggettivo da quello soggettivo;

5) deve spiegare come sia possibile l'accordo nel giudicare fra agenti razionali.

L'oggettività rawlsana non si appella ad un ordine necessariamente indipendente di valori morali (come ritiene l'intuizionismo), ma mira semplicemente ad escludere il loro soggettivismo. È facile notare che il "punto di vista oggettivo" così inteso non è in senso proprio "impersonale", perché resta pur sempre un punto di vista, quello dei "cittadini liberi e uguali". "Gli elementi essenziali dell'oggettività sono quindi quelle proprietà che un impianto generale di pensiero e di giudizio deve possedere se ha da essere una base di giustificazione aperta e pubblica per cittadini liberi e uguali"[29].

Per determinare a quali condizioni una concezione politica o morale si possa qualificare come "oggettiva" è dunque necessario

---

[28] Cfr. J. Rawls, *Liberalismo politico,* trad. it., Edizioni di Comunità, Milano 1994, p.105 e ss.
[29] Rawls, *o.c.*, p.109.

individuare quali siano le caratteristiche imprescindibili di uno spazio pubblico e di una ragione pubblica.

Questo modo di affrontare la questione dell'oggettività è assai simile, nelle linee generali, a quello seguito da Gadamer e da Habermas[30]. Da un lato si caratterizza per una marcata diffidenza verso la razionalità soggettiva nell'ambito della conoscenza pratica (morale e politica), dall'altro è segnato dalla convinzione che sia imprescindibile riferirsi all'uso linguistico per determinare i valori morali. Non si tratta dunque di un'oggettività semantica debole, secondo la quale è moralmente giusto ciò che la maggioranza di una comunità linguistica ritiene tale, né di un'oggettività semantica forte che ritiene che il significato di una proposizione morale non dipenda mai dall'uso che ne fa il locutore o una comunità. Si cerca piuttosto una via intermedia che consenta in qualche modo di sottoporre le nostre credenze a critiche razionali non dipendenti dalle nostre credenze[31].

Non si mira a trovare le "condizioni epistemiche ideali" che consentano di valutare la verità delle nostre credenze, bensì a stabilire le "condizioni epistemiche ideali" della loro ammissibilità, accettabilità, legittimità o ragionevolezza. Il liberalismo epistemologico, allo stesso modo di quello politico, ammette solo quelle credenze che possono accordarsi con quelle altrui sulla base di una ragione pubblica, cioè – per usare il linguaggio di Rawls – le credenze *ragionevoli*.

[30] S. Benhabib, *In the Shadow of Aristotle and Hegel: Communicative Ethics and Current Controversies in Practical Philosophy*, in M. Kelly (ed.), *Hermeneutics and Critical Theory in Ethics and Politics*, MIT Press, Cambridge, Mass., 1991 e anche K. Nielson, *Searching for an Emancipatory Perspective: Wide Reflective Equilibrium and the Hermeneutic Circle*, in E. Simpson (ed.), *Antifoundationalism and Practical Reasoning*, Academic Printing and Publishing, Edmonton, Canada, 1987.

[31] Cfr. A. Marmor., *Three Concepts of Objectivity*, in Id. (ed.), *Law and Interpretation. Essays in Legal Philosophy*, Clarendon Press, Oxford 1995, pp. 177-201.

Si è visto che il pluralismo etico-politico induce i filosofi ad interessarsi più del modo in cui concezioni politiche e morali differenti possano convivere che della loro verità.

Non è allora inutile porsi qualche domanda. La filosofia morale è volta a saggiare la verità "oggettiva" delle concezioni del bene o a individuare i possibili modi della loro coesistenza, al pari della filosofia politica che mira ad identificare le istituzioni giuste? I cinque requisiti di oggettività individuati da Rawls che - si può ammettere - vanno bene per far convivere in pace cittadini liberi e uguali, sono sufficienti a rassicurare il soggetto sulla verità pratica delle sue scelte morali? Ma – ed è la questione fondamentale – esiste una verità morale "oggettiva"? E, posto che esista, può essere cercata all'interno della struttura stessa della soggettività morale?

Chi difende l'oggettività della morale per un verso non può prescindere dalla soggettività, in quanto i problemi morali hanno un carattere molto personale e non avrebbero il loro punto di riferimento se fossero considerati senza rapporto col soggetto che se li pone[32]; per un altro verso deve ammettere il "bene in sé" come giustificazione delle scelte morali del soggetto ritenute "vere" o almeno "ragionevoli" nel senso di universalizzabili, tali cioè che dovrebbero essere compiute da ogni uomo che si trovasse nella stessa situazione del soggetto agente. A questo punto, però, l'oggettivista si trova in una sorta di aporia tra "il bene in sé" e "il bene per il soggetto". Infatti si può senz'altro ammettere che, per parlare di "agire morale", il singolo uomo non deve scegliere in modo immotivato, né limitarsi a comunicare le sue preferenze, ma deve almeno mostrare d'aver

[32] Il soggetto di fronte a scelte tra valori, interessi, desideri cerca di sapere ciò che pienamente e veramente soddisfaccia in precise circostanze la sua volontà. Sevo prendere una decisione che nessuno può prendere al posto suo, perché è in gioco la sua felicità. Deve essere lui a scegliere e a decidere, perché sa che questa decisione avrà effetto sul suo benessere. Il bene di cui si tratta è il suo bene e non quello di altre persone diverse da lui.

compiuto le scelte più giuste. Ma, ponendo "il bene in sé", il soggetto potrebbe trovarsi in conflitto con se stesso, in quanto potrebbe accorgersi che le sue preferenze non coincidono con quelle che dovrebbe avere o addirittura che per attuare "il bene in sé" deve agire in modo opposto alla sue preferenze. Sembra dunque che il *bene in sé* sia in conflitto con la parzialità del *bene per il soggetto*. L'oggettivista morale probabilmente preciserebbe che "il bene per il soggetto" non va inteso come una questione di preferenze personali, perché, in quanto riguarda la persona del soggetto, "il bene per il soggetto" è ciò che oggettivamente è bene per la persona che il soggetto è e con l'identità che il soggetto possiede. Quindi, conclude l'oggettivista, "il bene per il soggetto" è esso stesso un bene "oggettivo"[33].

Si può essere d'accordo con l'oggettivista anche su quest'altro punto: quando si parla del "bene per il soggetto", s'intende anche affermare che quel bene completa e perfeziona il soggetto, cioè lo aiuta a realizzare la sua vita e a renderla una vita riuscita[34]. Ma la questione è proprio questa, sapere che cosa rende davvero ben riuscita l'esistenza del soggetto[35].

All'oggettivista si pone immediatamente un altro problema. La morale è necessariamente antropomorfica e, oggi, secondo molti, è colpevolmente antropocentrica. È possibile un bene in sé che non sia anche un bene per l'uomo, cioè un bene morale? È possibile che qualcosa abbia un valore intrinseco tale da richiedere il sacrificio del bene morale? Lo pensano gli orientamenti ecologici estremi, quando ipotizzano il sacrificio del bene umano per il rispetto etico della natura. Ma il bene in sé, in quanto bene morale, non è forse quello proprio degli esseri umani? È il bene morale del singolo o quello dell'umanità considerata come una totalità?

---

[33] Cfr. B. Williams, *Sorte morale,* trad. it., Il Saggiatore, Milano, 1987; J. Seifert, *La conoscenza del bene*, in "Seconda Navigazione", Mondadori, Milano 1999, pp.113–146.

[34] Cfr. R. Spaemann, *Felicità e benevolenza,* trad. it., Vita e pensiero, Milano 1998.

[35] J. Finnis, *Fundamentals of Ethics,* Clarendon Press, Oxford 1983, p.63.

Lo statuto epistemologico della ragione pratica

Se la filosofia di ascendenza ermeneutica sottovaluta la dimensione di verità della ragione pratica, quella analitica ne sminuisce quella della finalità; in realtà nella prospettiva della ragion pratica il concetto di valore morale ha una precisa configurazione che si può cogliere bene ricostruendo le tappe fondamentali dell'azione morale.

Ogni azione umana è diretta ad un fine, che è oggetto dell'intenzione dell'agente.

La prima tappa è necessariamente la considerazione teleologica dell'azione umana, che è mossa da un fine da raggiungere (causa finale). Questo fine è pre-visto e voluto e in tal senso si parla di intenzione dell'agente, che "tende verso" il fine. Per comprendere il senso dell'azione è necessario considerare il fine e l'intenzione che muovono il soggetto agente[36]. Pertanto sono fuorvianti le spiegazioni dell'azione umana basate sul meccanismo "stimolo-risposta", perché ponendo la causalità efficiente (stimolo) al posto della causalità finale, vanificano l'importanza dell'intenzionalità e della ragion pratica, intesa come ragione morale.

Fine – bene – desiderio

Il fine, che muove all'azione, è uno stato di cose ritenuto dal soggetto come desiderabile e, quindi, come un bene.

[36] Pur non aderendo al cosiddetto *internalist moral realism*, si può essere d'accordo con esso che vede che il riconoscimento cognitivo della rettitudine o giustezza morale di un'azione è un motivo sufficiente per porla in essere. Per il dibattito su questo tema cfr. D. McNaughton, Moral Vision. *An Introduction to Ethics*, Blackwell, Oxford 1988, pp.46-50.

Mentre l'intenzione è ascritta all'agente e l'azione fa da ponte tra l'agente e il fine da conseguire, la connotazione di bene è inerente o attribuita allo stato di cose stesso.

Uno stato di cose è desiderato quando è visto come un bene e deve essere posto e mantenuto come altro rispetto al desiderio, perché possa appagare quest'ultimo. Il desiderio, infatti, è sempre desiderio di qualcosa[37].

Certamente resta aperto il problema socratico se uno stato di cose sia buono quando è di fatto desiderato da qualcuno o se lo sia perché di per sé desiderabile, anche se in atto non è desiderato da alcuno. Una cosa è buona perché è desiderata o è desiderata perché è buona? Sostenere che tutto possa essere oggetto di desiderio può voler dire che ogni cosa è di per sé buona oppure che niente di per sé lo è. In ogni caso la bontà è sempre in qualche modo (arbitrario o fondato) attribuita o ascritta allo stato di cose inteso come fine da raggiungere e obiettivo da realizzare[38].

Osservazione in merito

Considerare uno stato di cose in relazione al desiderio è un atto cognitivo o è esso stesso un atto di desiderio? Ci si può anche domandare se considerare qualcosa in riferimento alla vista o all'udito sia un atto di pensiero o un atto del vedere o dell'udire. G. E. Moore ha obiettato che il paragone tra oggetto – desiderio e oggetto – vista non regge, in quanto "desiderabile" non significa "capace di essere desiderato", ma "che deve essere desiderato". Ma è proprio questo il significato di "desiderabile"?

---

[37] C. Vigna, *La verità del desiderio come fondazione della norma morale*, in E. Berti (a cura di), "Problemi di etica: fondazione, norme, orientamenti", Gregoriana, Padova 1990, p.92.

[38] Su questo problema v. P. Simpson, *Goodness and Nature. A Defence of Ethical Naturalism*, Nijhoff, Dordrecht 1987, p.155.

Fini soggettivi ben fondati e fini soggettivi meramente emotivi

Bisogna distinguere i fini soggettivi ragionevoli o ben fondati da quelli ingiustificati o puramente emotivi. Il processo individuale o collettivo della deliberazione ha la sua ragion d'essere nella valutazione delle preferenze. Quale di esse è *giusto* che prevalga? Qual è la preferenza *migliore* nella situazione data? Senza questa finalità il ragionamento pratico perde ogni significato. Se si ammette la pratica del ragionamento morale, allora la morale non può ridursi alla mera registrazione delle preferenze personali. All'interno di una concezione rigorosamente emotivista non ha senso criticare le preferenze soggettive e pertanto bisogna negare o destituire di validità la ragion pratica. Anche una teoria del significato come uso deve tener conto del fatto che nel linguaggio ordinario noi usiamo distinguere le proposizioni di preferenza personale da quelle assiologiche e che qualsiasi smascheramento di questa pratica non può negare che essa ha le sue ragioni[39].

La selezione tra i fini soggettivi richiede una dimensione inter - soggettiva.

La razionalità pratica si sviluppa nella forma di un discorso. Ciò vale non soltanto per le scelte collettive, in cui ovviamente bisogna tener conto delle preferenze altrui, ma anche per le scelte individuali. La giustificazione delle preferenze, implicitamente o meno, si compie sempre nei confronti di un tu o di un *alter ego*. Siamo chiamati a giustificare una scelta di fronte a coloro che non hanno le nostre stesse preferenze, cioè che sono diversi da noi.

---

[39] Cfr. A. MacIntyre, *Dopo la virtù. Saggio di teoria morale,* trad. it., Feltrinelli, Milano 1988, p.31 e ss.

Il discorso è quella situazione di linguaggio in cui si attua il comprendersi e l'intendersi tra soggetti dell'interlocuzione dotati di preferenze diverse. Da ciò deriva il carattere eminentemente dialogico della ragion pratica, che si esercita sempre all'interno di un *gruppo di comunicazione,* cioè di una collettività linguistica in cui già è operante l'accordo sull'uso di determinati mezzi di comunicazione e sul loro significato[40].

La ragion pratica è una ragione contestuale e si muove sempre all'interno di determinate situazioni di linguaggio, essendo volta ad individuare l'azione che qui ed ora deve essere fatta. Per questo essa presuppone come già attivo un linguaggio dell'interazione e della comunicazione. Senza questo non solo non potremmo intenderci e, quindi, discutere, ma nessuno sarebbe in grado di comprendere le proprie preferenze, cioè se stesso. Non esiste, infatti, linguaggio privato.

La ragion pratica rifiuta, pertanto, il modello solipsistico (cartesiano) di ragione, che attua la distanziazione critica mediante il disimpegno dalle pratiche esistenti e dalle forme di vita, e propende per il modello dialogico o intersoggettivo, in cui il punto di vista interno non è quello dell'individuo irrelato ma quello di una collettività linguistica.

I criteri di selezione indicano il dover essere dell'azione.

La ragion pratica, muovendo da una situazione concreta, deve rispondere ad un problema ben circostanziato e attuale, ma l'azione da compiere o la decisione da prendere ovviamente non esistono

[40] Cfr. P. Ricoeur, *Dal testo all'azione. Saggi di ermeneutica,* trad. it., Jaca Book, Milano 1989. La razionalità pratica stessa, prima ancora di essere uno strumento di verifica e di controllo, è una situazione discorsiva, un evento di linguaggio che segna l'accadere del comprendere all'interno di una forma di vita.

ancora. La decisione e l'azione appartengono all'area del possibile, però poter essere e dover essere non coincidono: non tutte le decisioni che possono essere assunte, devono di fatto essere assunte, come non tutte le azioni che possono essere compiute, devono effettivamente essere realizzate. Ad esempio: posso decidere di uccidere il mio vicino e posso anche farlo, ma ciò non vuol dire che io debba prendere tale decisione e/o realizzare tale azione; posso decidere di andare alle Maldive e posso anche farlo, ma il fatto che ciò sia possibile non è un motivo sufficiente perché io effettivamente decida e vada alle Maldive. Questi due esempi sono sufficienti ad illustrare la seguente proposizione: *tra le decisioni possibili e le possibili azioni non devono essere assunte e realizzate quelle che non sono ragionevoli; tuttavia tra le possibili decisioni ragionevoli e le possibili azioni ragionevoli, alcune presentano il carattere dell'imperatività ("devono" essere prese e attuate), altre si presentano come facoltative.* Di qui una questione importante: la moralità di un'azione risiede nella sua doverosità, come affermava Kant, o nella sua ragionevolezza?

Si è detto che uno stato di cose possibile, in quanto al soggetto appare come un bene per lui, può essere assunto come fine dell'azione. Tuttavia il soggetto può anche volere quel fine in vista di un secondo fine, sicché il primo fine voluto diventa il mezzo per raggiungere il secondo fine. Si è soliti distinguere tra fini e mezzi, ma, considerato che il fine di un'azione può essere esso stesso il mezzo per conseguire un altro fine, la differenza tra fine e mezzo è relativa e, precisamente, è intenzionata dal soggetto: se il soggetto compie l'azione α per conseguire il fine x in quanto il fine x gli consente, mediante l'azione β, di conseguire il fine y, ecco che il fine x è voluto come mezzo per ottenere il fine y.

Già Aristotele nel libro VI dell'Etica Nicomachea distingueva tra produzione (ποίησις) ed azione (πρᾶξις) asserendo che « Il fine della produzione è altro dalla produzione stessa, mentre il fine dell'azione no»: la prima è l'agire diretto ad un oggetto che rimane estraneo rispetto all'agente; la seconda è l'agire che racchiude il proprio senso in se stesso. Ogni azione morale, retta o non retta, è – secondo lo Stagirita - fine in se stessa. Nella Scolastica, ad esempio in San Tommaso, l'azione (morale) veniva connotata come *actio immanens*, ossia il senso dell'agire si trova all'interno dell'agire stesso, mentre la produzione veniva chiamata *actio transiens* perché il senso dell'agire transitava sull'oggetto prodotto, esterno all'agire stesso.

Questa distinzione è troppo schematica.

Produzione. Costruisco una barca. La barca è il fine del costruire. Ma perché costruisco una barca? Per andare a diporto, o per andare a pescare, o per fuggire da un'isola deserta, o per venderla e guadagnare? Ne consegue che il reale fine per cui costruisco la barca è andare a pescare o venderla e così avere un guadagno, ecc.

Azione. Aiuto economicamente mio fratello che si trova in difficoltà. Secondo Kant, l'azione di aiuto sarebbe morale a condizione che io aiutassi mio fratello soltanto perché ritengo un dovere farlo, prescindendo da ogni altra considerazione (per esempio, che egli sia un mio familiare, che in passato possa essere stato lui ad aiutare me, che io abbia un animo generoso, ecc.) In realtà potrei farlo per secondi fini: per farlo sentire in debito nei miei confronti, ottenere da lui un favore, ecc. In questo caso il fine sarebbe esterno all'azione morale. Un altro esempio: un'azione di liberazione ha come fine (immediato) la conquista della libertà. Ci si può domandare perché si voglia la libertà: per poter vivere democraticamente o per instaurare una nuova dittatura?

Questi esempi sono sufficienti a mostrare che quando si tratta di azioni morali o ci si chiude nel formalismo rigoristico di stampo kantiano o si assume come elemento chiave il fine chiarito dalle circostanze. Il fine, chiarito dalle circostanze, dà compiutezza di senso dell'azione, in quanto manifesta le motivazioni dell'azione.

Quindi nell'azione morale sono in gioco: 1) il soggetto agente 2) il fine intento 3) le circostanze che illuminano il fine realmente intenzionato 4) il mezzo dell'azione 5) l'agire. (1) Io - (2) salvare la vita di Anna – (3) sperduti in una foresta, Anna ha una mano in cancrena, non ci sono antibiotici né mezzi di comunicazione – (4) un'accetta – (5) tagliare. Io, non avendo a disposizione altri mezzi, amputo la mano di Anna per salvarle la vita. Ebbene la mia azione è moralmente corretta; non lo sarebbe, invece, se avessi una possibilità diversa, per esempio potessi chiedere aiuti ad un ospedale tramite un telefono satellitare.

In generale si può affermare che la moralità o non moralità di un'azione è data dalla totalità degli elementi sopra elencati e tra loro sinergici.

Conseguentemente la rigida distinzione, sostenuta dagli oggettivisti, tra fini e mezzi, tra dover essere dei fini e dover essere dei mezzi, tra razionalità pratica concernente il regno dei fini e razionalità tecnica attinente ai mezzi, perde molto del suo significato ai fini della valutazione di un'azione nella prospettiva morale. Se si vuole mantenere la divisione, si deve affermare che la razionalità pratica giudica anche i mezzi, non in quanto tali, ma nella prospettiva della loro giustificabilità rispetto a dei valori o ad altri fini che potrebbero essere messi in gioco.

In ogni caso, assumere un fine come obiettivo prammatico significa impegnarsi in un corso d'azione che ha una sua identità e vincola, in una certa misura, l'intenzione dell'agente. Tuttavia è in definitiva a questa intenzione che dobbiamo fare riferimento se vogliamo sapere se qualcosa sia considerata come fine o come mezzo. Come giustificare l'intenzione di fronte al tribunale della ragione pratica?

La risposta suona più o meno così: l'intenzione del soggetto agente deve sempre - secondo il noto imperativo categorico kantiano

– considerare l'essere umano come un fine, mai come un mezzo[41]. Se accettiamo che l'agire moralmente corretto sia l'agire che tende al bene dell'uomo, allora la massima kantiana va considerata come una proposizione analiticamente implicita nel concetto di agire morale[42].

La Questione della Norma Morale

È facile vedere che i fini intenzionati dal soggetto che desidera agire in modo moralmente corretto, avranno a che fare con il pieno rispetto dell'essere umano, cioè esigeranno la realizzazione di azioni che trattano l'essere umano come il fine in sé compiuto e non come mezzo. Va però detto che ogni azione umana, ancorché animata dal desiderio di trattare l'essere umano come il fine ultimo[43], non riuscirà mai ad adeguare pienamente questo compito, che pertanto si presenta come l'ideale – limite al quale il soggetto, con le sue azioni, cerca di avvicinarsi il più possibile. Il soggetto, riflettendo sulla situazione di fatto, cerca quale sia l'azione idonea a conseguire nel modo migliore il fine ultimo, cioè il rispetto dell'essere umano che è in lui e negli altri. L'azione da compiere non è qualcosa di simile ad un modello da realizzare, ma deve essere trovata, è il frutto del giudizio riflettente. In questa attività riflettente la ragione è aiutata dalle norme morali. Anch'esse non sono un modello "dato" di comportamento, qualcosa da "applicare" o seguire pedissequamente; sono invece le formulazioni concettuali di situazioni ideali atte a concretizzare il bene dell'essere umano come fine. In quanto tali sono

[41] Gewirth ritiene che la giustificazione di questo imperativo poggi su una razionalità di tipo apodittico basata sul principio di non contraddizione. Cfr. A. Gewirth, *Can any final ends be rational?*, in "Ethics", 102, 1991, 1, p.69 e ss.

[42] Chiedersi se sia "morale" agire moralmente non porta da nessuna parte perché è un circolo vizioso. Per la questione se sia "necessario" agire moralmente, si veda, in relazione al pensiero di Hare, B. Celano, *Il principio di universalizzabilità*, in "Per la Filosofia", 6, 1989, n.17, pp.65-71.

[43] A chi obiettasse che il fine ultimo è Dio, rispondo citando Tommaso d'Aquino: "Non enim Deus a nobis offenditur nisi ex eo quod contra nostrum bonum agimus" (*Summa contra Gentes*, II c. 122). Dunque, in campo morale, il bene dell'uomo è il fine ultimo. Dio semmai è il fine supremo, non però del nostro agire, ma della nostra vita e dell'intera creazione.

capaci di guidare il soggetto riflettente a individuare e realizzare l'azione opportuna hic et nunc per il raggiungimento del fine. Si può dire che le norme morali sono la traduzione concreta, e in buona misura contingente, dei modelli ideali delle azioni. Tuttavia il modello ideale non si lascia racchiudere mai totalmente dalle sue formulazioni positive, resta indipendente da esse, le giudica, può sostituirle con altre quando la sua identità è minacciata[44]. Sicché la norma non è il presupposto già acquisito del giudizio di valore sul comportamento del soggetto.

I valori come qualità ideali.

Quando si parla di "valore" si indica sempre una qualità che ha pregio per qualcuno (dal latino del XIII sec. d. C. *valorem* formato dal verbo *valēre* = essere forte, avere pregio o merito con l'aggiunta del suffisso – *orem* che indica disposizione o stato). Quindi il valore dice relazione ad un soggetto: lo status di pregio per l'uomo; e dice riferimento ad una astrattezza[45]. Ad esempio, la proposizione "la vita umana è un valore" significa: la vita umana è un bene che ha lo status di pregio, ossia è pregiato, per ogni uomo. La pregevolezza della vita umana è la sua qualità astratta. Se poi affermo che l'onestà è un valore, come già ci ha insegnato Platone, non intendo indicare qualcosa o qualche comportamento onesto, ma voglio attribuire a qualcosa o ad un comportamento la qualifica dell'onestà. In sintesi si può asserire che il valore indica la capacità del soggetto di intenzionare l'astratto, ossia una qualità ideale. Senza soggettività non vi sono valori, perché non c'è chi può intenzionare l'astratto, ma

---

[44] Per questi temi cfr. E. Agazzi, *Per una riconduzione della razionalità tecnologica entro l'ambito della razionalità pratica*, in S. Galvan (a cura), "Forme di razionalità pratica", Angeli, Milano 1992, pp.17-39. "Senza regola esterna, infatti, non vi può essere prova, e con la regola esterna non può esservi valore assoluto". V. Mathieu, *Luci ed ombre del giusnaturalismo*, Giappichelli, Torino, 1989, p.22.

[45] L. Lombardi Vallauri, *Abitare pleromaticamente la terra,* in Id. (a cura di), "Il meritevole di tutela", Giuffrè, Milano1990, p.XLIII.

senza qualità ideali o valori non vi sarebbe il soggetto della ragion pratica[46].

Valori e Beni

Afferma Ulpiano "*bona ex eo dicuntur, quod beant, hoc est beatos faciunt: beare est prodesse* ». E Spinoza scrive: "*Per bonum id intelligam, quod certo scimus nobis esse utile*"[47]

Pensare che un bene fisico, o piuttosto premorale, possa essere considerato semplicemente come un valore, è un errore molto comune.

Ora, il bene è ogni cosa che è (cioè ogni ente o modo di essere qualcosa) considerato sotto quegli aspetti per i quali esso è tutto quello che deve essere, ossia, perfetto e perciò capace di suscitare in chi lo conosce nella sua totalità di esistente una volontaria risposta di amore, compiacenza o desiderio.

Il valore, invece, è ciò che – per avere pregio, ossia per valere, può essere, è, o deve essere apprezzato, stimato o pensato da un soggetto umano (individuo o gruppo o collettività o Stato, o società o cultura); più astrattamente, un valore è l'aspetto formale di un ente o di uno stato di cose in virtù del quale esso viene apprezzato. Così alcuni chiamano la vita umana un valore in senso primario e, in senso secondario, parlano della capacità di amare, di avere relazioni interpersonali come del valore della vita umana. Un valore, allora, può giustamente essere sottoposto ad una valutazione del suo pregio da parte degli uomini.

Nel senso di ciò che deve essere apprezzato, un valore è qualcosa di intrinseco pregio per l'uomo, qualcosa che per sua natura è legato al vantaggio umano o alla promozione dei fini umani. Per esempio

---

[46] F. Viola illustra la relazionalità del valore e le sue varie forme in *Dalla natura ai diritti. I luoghi dell'etica contemporanea,* Laterza, Roma-Bari 1997, p.118 e ss.
[47] Ulpiano, *Dig*., L, 16, *de verborum significatione*, 49. Spinoza, *Eth.*, IV, def. I.

un'attività che costituisce o porta a un dato modo di autorealizzazione, è per ciò stesso un valore.

Un valore, dunque, non è semplicemente equivalente a ciò che è bene per l'uomo, ma a ciò che è bene per l'uomo in termini di risposta ai suoi bisogni, desideri o scopi. Essere liberi è un bene metafisico[48] per l'uomo, sia che egli lo sappia o lo ammetta oppure no; il cibo è un bene fisico per l'uomo, ancora una volta indipendentemente dal fatto che egli soffra di anoressia. Invece i valori richiedono la consapevolezza dell'uomo, la percezione, l'estimazione e la scelta da parte del soggetto di ciò che egli vuole considerare bene per l'uomo.

La necessità riconosciuta di una assimilazione molto personale di ciò che è moralmente buono è stata la principale responsabile dell'attuale esagerazione del ruolo dei valori nella scelta morale. Così, un valore è tale non soltanto in virtù della prospettiva dell'agente, ma è "valore" per il soggetto agente in vista di uno scopo o traguardo. Un valore è dunque in relazione non solo all'uomo nella sua costituzione fisica e metafisica, come il bene, e alla sua visione conscia o inconscia della realtà, ma ai suoi scopi già prefissati. Più un ente contribuisce al traguardo desiderato, più grande valore esso ha. Ovviamente il traguardo è già prefissato e, in quanto prefissato, è un bene, ma non di valore. Invece quando i traguardi sono considerati in rapporto ai fini alti e direi, quasi più ultimativi, essi ricevono un grande valore.

Se un valore differisce da un bene per la sua trama di relazioni qualificanti, sono anche queste relazioni a definire il valore concretamente, a dare a un oggetto o status il suo valore[49]. Ne

---

[48] "Metafisico", cioè al di là della sfera fisica.

[49] Non concordo con gli studiosi che affermano che per Wittgenstein i valori non sono per il soggetto, ma sono un'istanza superiore imperativa e irraggiungibile, che ha il potere coercitivo di un giudice. In altri termini sarebbe proprio dell'essenza dei valori l'essere trascendenti e irrelati. Certamente Pur essendo entrambi al di fuori del mondo inteso come totalità dei fatti, soggetto e valori non sembrano incontrarsi ed hanno una ben diversa relazione con il mondo. Il soggetto è il limite del mondo e la sua invalicabilità, mentre il valore è qualcosa di assolutamente diverso dai fatti del mondo e di esso si può solo predicare l'ineffabilità. Non si può dire, pertanto, che i valori siano *per* i soggetti, ma al contrario

consegue che gli enti o status che hanno eguali relazioni qualificanti, sono anche di eguale valore e il valore implica la possibilità di scambio. Se un ente è tanto efficace al raggiungimento di obiettivi prefissati quanto un altro, esso è anche di eguale valore dell'altro o di qualsiasi altra cosa che abbia né più né meno che la stessa efficacia in rapporto allo stesso obiettivo. Del resto la parola valore non ha mai perduto interamente il suo significato di valevole per lo scambio. Così la valorialità è anche la interscambiabilità, non nel senso di identità e di anonimia, come quando si dice che un centesimo vale l'altro, ma nel senso in cui un euro ha lo stesso valore di cento centesimi, ossia in rapporto a tutto quel che riguarda il contesto dato, esiste interscambiabilità o convertibilità.

Inoltre è comune esperienza trovare un bene e un valore in conflitto. A chi non capita di rinunciare a qualcosa perché lo ritiene di nessun valore per lui, mentre quello che riconosce veramente come un bene, ad esempio un meraviglioso vecchio castello, risulta poi di gran lunga troppo costoso per mantenerlo? Oppure chi non ha sentito disgusto o tristezza nel vedere che qualche bene insignificante diventa il centro di attenzione e d'interesse degli uomini, assumendo un valore enorme, o che qualche cosa di cattivo diviene un valore importante?[50]

Il bene può essere di valore sotto molti diversi aspetti, ma in quanto esso fonda e, in un certo senso, contiene un'infinità di valori, alcuni meramente possibili, il bene non può essere ridotto a una serie

---

essi sono un'istanza superiore imperativa e irraggiungibile, hanno il potere coercitivo di un giudice assoluto. L'effetto reale (non certamente voluto) di questa nobile ed elevata concezione dei valori è quello di rendere l'etica come illusoria. Nella nostra esperienza quotidiana siamo alle prese con questioni riguardanti il buono e il giusto per dare senso alle nostre azioni. Se tutto ciò è vano per l'irraggiungibilità del valore, allora l'etica è illusoria e le nostre azioni morali o sono causalmente spiegate dalla logica dei fatti o sono del tutto inesplicabili e misteriose. L'ineffabilità dell'etica si capovolge di fatto nell'inesprimibilità dell'etica. La conclusione di Wittgenstein non è che l'etica è soggettivistica, ma al contrario che "l'etica non si può esprimere". Per salvare l'etica bisogna allontanarla dalla soggettività. Cfr. B.R. Tilghman, *Wittgenstein, Ethics and Aesthetics. The View from Eternity,* MacMillan, London, 1991.

[50] Si pensi ad esempio alla possibilità di abortire, ritenuta oggi di grande valore.

finita di valori. Più semplicemente, il bene, in quanto non è definito da una qualche relazione al vantaggio umano, non può essere adeguatamente rimpiazzato da una serie di elementi, come avviene coi valori che sono in questo senso relativi. Invece i valori possono essere esaustivamente descritti in termini di beni compositi, e per tanto essere ridotti ad essi: di qui il tradizionale interesse della teologia morale per il bene, sia fisico che morale, piuttosto che per il valore.

I disvalori come negazione dell'essere uomo

Vi sono possibili stati di cose che senza dubbio impediscono il rispetto e la realizzazione del soggetto agente in quanto tale. Si può desiderare, ad esempio, la schiavitù come fine soggettivo e, quindi, considerarla come un bene "per me", cioè come uno stato di cose buono "per me". Ma non si può giustificare razionalmente la schiavitù come un valore, cioè come uno stato di cose pregevole in relazione al rispetto e alla realizzazione dell'essere umano, dal momento che essa mette fuori gioco uno dei presupposti valorativi dell'esercizio della razionalità pratica, cioè la libertà. Questo è il noto argomento di Gewirth, che trae il supremo principio della moralità (*Principle of Generic Consistency*) dalle condizioni necessarie dell'azione[51].

La stessa cosa si può dire per il suicidio, perché mette fuori gioco la vita e con essa la base dell'esercizio della razionalità.

In generale non si può usare la razionalità pratica per negare la razionalità pratica. Apel ha considerato questo principio come la versione pragmatica o performativa del principio di non

[51] Cfr. A. Gewirth, *Reason and Morality,* University of Chicago Press, Chicago 1978, chaps. 2-3. Per un'applicazione al tema in questione cfr. A. Gewirth, *The ontological Basis of Natural Law: A Critique and an Alternative*, in "American Journal of Jurisprudence", 29, 1984, pp.95-121.

contraddizione[52]. In modo molto generale e sintetico il nocciolo del discorso è questo: come in ogni argomentazione ci sono regole e presupposti impliciti che non possono essere negati senza autocontraddizione performativa, ossia senza contraddire con l'atto performativo ciò che si afferma nella parte proposizionale, così vi sono condizioni o presupposti di ogni azione umana che non possono essere negati se si vuole porre in essere un'azione "umana". Non si tratta di una semplice analogia, perché la ragion pratica stessa nel suo esercizio è un'attività umana.

È un passaggio decisivo perché afferma la possibilità di qualificare razionalmente possibili stati di cose come disvalori e, conseguentemente, di affermare che solo alcuni, tra gli innumerevoli stati di cose possibili, sono valori. In generale si deve ritenere che, se siamo liberi di scegliere tra stati di cose possibili e se tale scelta deve essere razionalmente fondata o giustificata, allora non a tutti gli stati di cose possibili è attribuibile la qualifica di valore.

Beni/Valori fondamentali della vita pratica

Nel punto precedente abbiamo suggerito che l'esercizio stesso della ragion pratica presuppone che certi stati di cose possibili siano considerati disvalori quando l'ostacolano o lo rendono impossibile. In effetti ciò significa che la ragionevolezza pratica stessa deve essere considerata come un valore. È meglio essere ragionevoli che irragionevoli. Ci sono possibili stati di vita che in astratto vengono giudicati migliori di altri, perché in astratto favoriscono il trattamento dell'essere umano come fine, e che sono quasi inconfutabili nella loro astrattezza, ma suscitano non poca perplessità circa la loro validità in talune situazioni concrete. Ad esempio: la

[52] K.-O. Apel, *Das Problem einer philosophischen Theorie der Rationalitätstypen,* in H. Schnädelbach (hrsg), *Rationalität. Philosophische Beiträge,* Suhrkamp, Frankfurt a.M. 1984, pp.15-31.

conoscenza è meglio dell'ignoranza; ma è meglio che un figlio sappia che la propria madre si dedicava alla prostituzione o che l'ignori? È meglio l'amicizia (quand'è autentica) che l'inimicizia o la solitudine. È meglio la pace che la guerra. È meglio l'uguaglianza che la discriminazione. È meglio educare i figli che disinteressarsi di loro. Si potrebbe continuare ancora a lungo, ma sarebbe un elenco di orientamenti ideali sui quali una società, o anche l'intera umanità, potrebbe convenire in astratto, dei quali però, non raramente, la situazione contingente consiglia od obbliga ad invertire l'ordine. Si pensi a pace vs guerra. Alla fine la partita è tra cognitivisti e non cognitivisti: mentre il cognitivista dà per certo che esistano dei valori metafisici da ri-conoscere, il non cognitivista contesta tale esistenza[53].

È possibile individuare alcuni beni che hanno una particolare importanza nella vita umana e, per questo, anche un alto valore. Sono quei beni che stanno a fondamento di altri o sono presupposti per la

---

[53] Per una prima sintetica presentazione della posizione cognitivista e non cognitivista, trascrivo le voci "Cognitivismo etico" e "Non cognitivismo etico" di *Simone, Nuovi dizionari on line*. **Cognitivismo etico**. Posizione filosofica che ammette la possibilità di conoscere i valori etici e quindi crede nell'esistenza di un dover essere dell'uomo. La giustificazione razionale delle scelte dei singoli, per il (—), è rintracciabile in un orizzonte universale, in cui è possibile rinvenire i principi che possono migliorare la vita dell'uomo. I cognitivisti credono in un'etica normativa, ma mentre alcuni ritengono la norma un punto di partenza, altri la vedono come un punto di arrivo. Per la posizione etica che parte da una concezione ontologica, la realtà contiene in se stessa una finalità ed il bene è un fattore costitutivo dell'essere. Esiste una legge eterna che si concretizza nella legge di natura; l'uomo, in quanto essere razionale, interpreta quest'ordinamento e lo traduce in norme concrete.
Non cognitivismo etico. Con il termine (—) si fa riferimento a quelle posizioni filosofiche le quali negano la possibilità di conoscere i valori etici e l'autonomia della loro fondazione. Per i non cognitivisti la vita morale è avalutativa, poiché essa è un'attività pratica, sulla quale non possono essere fatte valutazioni, né positive né negative. Per costoro non esiste un dover essere dell'uomo, non vi sono valori assoluti o fondamenti etici universali. Malgrado tali premesse comuni, si può distinguere il (—) soggettivo dal (—) oggettivo. Alla prima tendenza appartengono coloro i quali sostengono, in un'ottica individualistica, il primato del soggetto nella scelta dei comportamenti. Ogni scelta etica è una decisione dell'individuo, indipendente da qualsiasi scala di valori. In effetti non esiste una verità o un bene, ma esistono tante verità e tanti beni quanti sono i soggetti che compiono liberamente delle scelte. Per il (—) oggettivo vi è coincidenza tra giudizi di fatto e giudizi di valore. In tale ottica, i valori morali vengono determinati dalla storia o dalla società. Il costume sociale si pone, in un certo periodo di tempo e in determinato spazio, come il dover essere, costituendo il valore verso cui tendere. Pertanto diventa quasi inevitabile identificare la morale con il diritto, perché quest'ultimo traduce in ordinamenti giuridici uno stato di fatto, vale a dire l'insieme dei comportamenti tenuti e accettati in un determinato luogo ed in una certa epoca storica. Mentre per i non cognitivisti soggettivi, la giustificazione razionale della scelta viene ricondotta alla coerenza con le proprie convinzioni o alla tolleranza nei confronti degli altri, per i non cognitivisti oggettivi, la giustificazione razionale delle scelte morali è posta dalla società o determinata dall'evoluzione storica della morale.

realizzazione di altissimi valori. Solitamente questi beni/valori sono connotati come fondamentali. Ad esempio la vita è il bene umano più fondamentale perché senza di essa non possiamo realizzare nulla. Per questo la vita ha un valore molto alto. Tuttavia possono esservi situazioni nelle quali la vita – nonostante il suo alto valore – può o deve essere sacrificata per un valore ancora più alto: si pensi ai martiri della fede, ai soldati mandati a combattere in una guerra.

La prassi linguistica non sempre distingue tra beni e valori. Io preferisco riservare il termine bene ad uno stato di cose o ad una determinazione ontica ed il termine valore all'apprezzamento del bene. Ad es., la pace non è un valore, ma un bene che ha un grande valore, sebbene non sia un bene fondamentale, in quanto è la risultante di una congiuntura di beni. J. Finnis considera fondamentali i valori che non possono essere ridotti analiticamente ad altri e che devono necessariamente accompagnare ogni progetto razionale di vita, qualunque esso sia. Per Finnis sono sette: *life, knowledge, play, aesthetic experience, sociability, practical reasonableness, religion*. Secondo Rawls i beni fondamentali, che chiama "*primary goods*", sono quattro: "*liberty, opportunity, wealth, and self-respect*". Rawls sottolinea che non si tratta di preferenze, ma di conoscenze ben fondate: "è razionale volere questi beni qualsiasi altra cosa si voglia, dal momento che sono necessari, generalmente, per formulare e attuare un piano razionale di vita". Gewirth li limita invece alla libertà e al ben-essere. Così la libertà è un valore molto alto, non soltanto perché è implicita in ogni progetto razionale di vita, che Aristotele chiamava la "vita buona", ma anche perché è un fine[54].

La variabilità dell'elenco dei beni o valori fondamentali testimonia i limiti della capacità di astrazione dell'intelligenza

[54] Cfr. J. Finnis, *Natural Law and Natural Rights*, Clarendon Press, Oxford 1980, p.92, che però non annovera la libertà tra i valori fondamentali del suo elenco. J. Rawls, *Una teoria della giustizia*, trad. it., Feltrinelli, Milano 1982, p.356.

umana, che non riesce mai del tutto a liberarsi del contesto in cui opera. Il giusnaturalista contemporaneo rifiuta l'assolutezza della conoscenza sia in campo teorico che in quello pratico. In ogni caso si tratta di elenchi riduttivi sui quali la discussione è sempre aperta. Infatti la determinazione dei beni/valori fondamentali è sempre un'opera contingente e provvisoria che deve essere continuamente criticata, aggiornata e riformulata in base anche alle sempre nuove situazioni storiche.

Valori e Progetto di vita

È pressoché impossibile istituire una gerarchia astratta tra i valori, mentre è più facile considerare un bene più o meno necessario di altri. Come già osservato, non ha senso domandarsi se di per sé la vita sia più o meno importante della libertà; il maggiore apprezzamento dell'una rispetto all'altra dipende dal soggetto e dalle circostanze in cui egli si trova. In generale ogni essere umano, nella formulazione del proprio progetto personale di vita, stabilisce, consapevolmente o meno, una gerarchia di valori e di fatto succede che ne persegua alcuni con maggiore forza di altri. C'è dunque una legittima varietà dei progetti di vita.

La ragion pratica, infatti, è finalizzata alla scelta e alla decisione, per cui sul piano operativo la molteplicità dei valori diviene molteplicità dei fini, cioè degli obiettivi possibili di azioni determinate. Tra questa molteplicità bisogna scegliere, perché altrimenti l'azione concreta sarebbe impossibile, e questa scelta (individuale o collettiva) deve essere fondata sul piano razionale, altrimenti sarebbe arbitraria. Ammettere che ognuno (individuo o gruppo sociale) ha il diritto di formulare il progetto di vita che desidera, non significa che gli altri debbano rinunciare al diritto/dovere di critica. Di qui la necessità che il progetto di vita di ciascuno si mantenga nell'ambito della ragione.

La ragion pratica si occupa, dunque, dei fini e della scelta tra i fini e non soltanto della scelta dei mezzi. Dobbiamo scegliere, ad esempio, tra il benessere prodotto dallo sviluppo industriale e una vita più sana, resa possibile da un ambiente non inquinato. Inoltre, non è il preteso carattere assoluto dei fini che fonda la ragion pratica e le fornisce gli argomenti, ma, al contrario, è proprio la pluralità di fini ragionevoli, nessuno dei quali prevale assolutamente o per definizione sugli altri, che esige d'interrogarsi sui criteri razionali di scelta, ossia "saggiare" i criteri stessi che ci portano a scegliere, tra la pluralità di fini ragionevoli, il fine che dovrebbe essere intenzionato nella situazione data. Senza di essi la ragion pratica fallirebbe i suoi obiettivi.

Sopra si è fatto riferimento ai progetti personali di vita; di fatto però la vita umana è attraversata da tante situazioni contingenti e, pertanto, parlare di un unitario piano di vita potrebbe risultare irrealistico e semplicistico. Inoltre molti scelgono e agiscono senza alcun piano generale, secondo ciò che di volta in volta la loro coscienza suggerisce. Senza ampliare il discorso oltre misura, dunque limitandosi allo stretto ambito della ragion pratica, ci si chiede se il suo corretto esercizio esiga in certo qual modo una visione d'insieme e la considerazione della nostra vita (o del sistema politico e giuridico) come un tutto unitario[55].

Va rimarcato che non ci interroghiamo sui criteri selettivi in astratto degli stati di cose possibili bensì su quelli della scelta in concreto di un fine tra una pluralità di fini ragionevoli. Per esempio, il benessere economico ha un valore, così come lo ha la salute fisica e psichica. Ma, quando passiamo alle scelte concrete, la scelta di assumere l'uno o l'altro bene come fine di una determinata azione

[55] "*our life as one whole*": Rawls, o.c., p. 336 – 349.

non significa dichiarare senza valore il bene scartato. Ogni scelta concreta è in qualche modo "tragica", frustrante, perché scegliere un bene di valore è per ciò stesso privarsi di qualcosa che ha un valore. Se l'io si realizza nell'apprensione, nell'attuazione e nella fruizione dei valori, e ci sono stati di cose reali o possibili percepiti come valori, la rinuncia all'attuazione o al rispetto di qualunque di essi è una privazione ed una ferita.

La completa realizzazione del soggetto si compie idealmente solo nella piena concretizzazione di tutti i beni percepiti come valori. Ma questo è un ideale-limite che deve fare i conti con la realtà della vita pratica se non vuole diventare una pericolosa utopia, come l'uomo onnilaterale immaginato da K. Marx.

Le scelte concrete cercheranno di realizzare il maggior numero possibili delle situazioni sentite come valori e, in questo senso, si può anche parlare di un "mondo dei valori" che diventa un ideale regolativo per le scelte pratiche dei fini, ma in nessun caso possiamo condividere la pretesa oggettività universale del mondo dei valori[56].

Nelle scelte concrete possiamo avvicinarci più o meno alla pienezza dei valori. L'*intero* dei nostri valori diviene così un ideale regolativo, da cui trarre i criteri di giudizio per le scelte pratiche dei fini, sicché in ogni scelta e in ogni azione di fatto interpretiamo e reinterpretiamo il nostro intero mondo di valori, ben sapendo che non a tutti i valori assegniamo la stessa importanza[57]. Quale può

---

[56] Di diverso avviso è certamente E. Agazzi che scrive: "La razionalità pratica *giudica* i mezzi, ma anche i fini particolari, che la razionalità tecnica si propone di realizzare, *dal punto di vista dell'intero* dei fini o dei valori". E. Agazzi, *Per una riconduzione della razionalità tecnologica entro l'ambito della razionalità pratica,* cit., p.33.

[57] Come dice Dworkin, non è la stessa cosa rinunciare ad una gita in barca e rompere un'amicizia. R. Dworkin, *La comunità liberale,* in "Teoria politica", 6, 1990, n.1, p.33. Qui si distingue tra interessi "volitivi" e "critici".

essere un buon progetto di vita? A mio avviso, quello che tende a realizzare le situazioni sentite come valori "alti", "importanti"[58].

Conclusione. L'oggettività dei valori morali.

Ciò che viene visto da un soggetto come valore è certamente da lui percepito come un modo di giungere alla pienezza personale o perfezione. In questo senso i valori sono *in funzione* dei soggetti e si presentano come forme *indeterminate* del bene. In quanto tali esse, pur orientando in generale l'azione, non sono in grado di guidare il comportamento concreto senza la mediazione delle regole. Infatti, il processo della deliberazione è un processo di determinazione e di concretizzazione dei valori.

Per oggettività dei valori intendiamo le regole del processo di determinazione e di concretizzazione dei valori. In questo senso l'oggettività etica è un problema distinto, ma non separato, dalla verità pratica. Ritenere che il problema dell'oggettività morale assorba in sé quello della verità pratica è un grave errore e un misconoscimento delle peculiarità della ragion pratica. L'oggettività dei valori è, per così dire, la dimensione propriamente speculativa della ragion pratica per i suoi legami con la conoscenza astrattiva, ma non è né il suo compimento, né la sua funzione propria. Il compimento e la funzione specifica della ragione pratica stanno nella verità pratica, che è la conformità dell'azione al giudizio della coscienza situazionale. Il singolare, in tutta la sua concretezza e determinatezza, è l'obiettivo finale della conoscenza pratica, che è diretta all'azione, a ciò che deve farsi qui e ora[59]. Se il conoscere è

[58] Secondo Finnis, invece, sarebbe bene tendere verso progetti di vita quanto più possibile ricchi di valori; in ogni caso nessuno di essi dovrà rendere impossibile l'attuazione in qualche modo dei valori basilari per sé e per gli altri. J. Finnis, *Natural Law and Natural Rights,* cit., p.118 ss.

[59] *Contra Gentiles,* lb. I, cap. 65, n. 7.: Practica autem cognitio non est perfecta nisi ad singularia perveniatur: nam practicae cognitionis finis est operatio, quae in singularibus est.

volto all'agire, allora si compie propriamente solo nell'azione determinata.

L'oggettività dei valori richiede una sorta di ontologia morale della soggettività. Quest'ontologia terrà conto della "natura umana", ma a due condizioni. La prima condizione è quella di non intendere con l'espressione "natura umana" una metafisica dell'uomo, ovvero, detto positivamente, di considerare il singolo essere umano nella sua concreta e singolare natura, con quanto di desideri, inclinazioni, aspirazioni, elementi caratteriali, paure, ecc. è insito in essa. La seconda condizione è di non dimenticare che la natura umana è inseparabile dalla cultura. L'esperienza, da cui la ragion pratica parte, è quella della prassi umana, delle convinzioni ampiamente diffuse e delle nostre intuizioni morali più stabili. Si tratta di basi storiche e in buona parte culturali[60]. All'interno di questo tessuto vitale la ragion pratica va alla ricerca del quadro di fondo, cioè della concezione del bene e del giusto, che implicitamente sostiene le nostre convinzioni morali. Le culture e le costellazioni storiche di valori sono animate da concezioni del bene umano, che sono interpretazioni dei beni fondamentali della vita umana. Sono quelle che Alasdair MacIntyre ha chiamato "beni interni" alle nostre pratiche di vita[61] e Charles Taylor ha considerato come costitutive di una vera e propria "ontologia morale"[62].

La vita morale nel suo sviluppo storico può assumere configurazioni diverse, che vanno dall'etica dell'onore e della virtù

[60] San Giovanni Paolo II, nel suo documento programmatico, significativamente intitolato *Redemptor hominis* (1979), ha dichiarato l'uomo «prima e fondamentale via della chiesa, via tracciata da Cristo stesso, via che immutabilmente passa attraverso il mistero dell'incarnazione e della redenzione» (n. 14), con la precisazione che «si tratta dell'uomo in tutta la sua verità, nella sua piena dimensione. **Non si tratta dell'uomo "astratto", ma reale, dell'uomo "concreto", "storico". Si tratta di "ciascun" uomo**, perché ognuno è stato compreso nel mistero della redenzione, e con ognuno Cristo si è unito, per sempre, attraverso questo mistero» (n. 13).

[61] A. MacIntyre, *After Virtue*, London, Duckworth, 1981passim.

[62] C. Taylor, *Sources of the Self. The Making of the Modern Identity*, Harvard University Press, Cambridge 1989; tr. it. di R. Rini, *Radici dell'io. La costruzione dell'identità moderna*, Feltrinelli, Milano 1994, passim.

guerriera, all'etica del dominio e del controllo della ragione sulle passioni, all'etica della trasformazione della volontà, all'etica dell'utilità e del benessere materiale e così via. Si presuppone che ognuna di esse non sia dettata semplicemente da atteggiamenti passionali o emotivi, ma che sia giustificata dalla persuasione razionalmente argomentabile circa la superiorità di certi beni ritenuti essenziali per la realizzazione del benessere di una società. Intorno a questa pretesa è possibile ragionare e dibattere al fine di raggiungere la controllabilità di una posizione etica, che, in quanto controllabile razionalmente, anche se non sperimentalmente, può dirsi oggettiva.

Soggettività e oggettività sono, dunque, due aspetti dell'etica non solo necessari, ma anche inscindibili. Il bene di ogni essere umano e di un'intera società, è insieme perfettivo e attrattivo. Non realizzerebbe l'essere umano se non fosse degno di essere perseguito perché si percepito come avente un valore[63]. Laddove c'è del bene, la persona si sente attratta e lo percepisce in qualche modo come "proprio". Tuttavia le esigenze dell'azione e quelle della verità pratica impongono la deliberazione e la scelta, tutto considerato. Si tratta di un non facile impegno di argomentazione e decisione, che nel cristiano è sostenuto dall'unione di ricerca razionale e fede speranzosa.

---

[63] Non mi convince le tesi che un aspetto essenziale dell'Uomo sia la capacità di giungere alla conoscenza *imparziale* del bene e del male e che essere persona significa propriamente essere capace di mettersi nei panni degli altri e di percepire il bene proprio di altre creature come un bene in sé. Cfr. F. Viola, *Lo statuto giuridico della persona in prospettiva storica,* in G. Pansini (a cura di), *Studi in memoria di Italo Mancini,* Edizioni Scientifiche Italiane, Napoli 1999, pp.621-641. Ritengo invece accettabile la posizione di Melchiorre, secondo cui la capacità di riconoscimento del bene è in realtà una donazione di senso all'altro, un atto di accoglienza dell'alterità, con la precisazione, però, che il bene riconosciuto sia il bene dell'altro, non il Bene dei cognitivisti. Cfr. V. Melchiorre, *Persona ed etica,* in Id. (a cura di), *L'idea di persona,* Vita e Pensiero, Milano, 1996, pp.149-162.

3.
SI PUÒ ANCORA PARLARE DI LEGGE NATURALE?

15 ottobre 1982

La legge naturale è un altro tema oramai disdegnato nell'areopago attuale. Per altro, se essa non gode di grande stima tra i filosofi contemporanei, eccettuati, forse, quelli di area cattolica, ciò è dovuto al fatto che è la metafisica della conoscenza ad essere rifiutata oggi.

La mia riflessione filosofica ha toccato le più diverse aree, dall'ontologia al diritto, dalla morale al linguaggio, dall'antropologia alla matematica, alla religione, ruotando però sempre sull'asse portante della metodologia e dell'epistemologia. Quando accettai di affrontare l'argomento della legge naturale, ero giovane, e volli lanciare quasi una sfida al mio pensiero nel tentativo di pormi nel solco della tradizione cara al mondo cattolico, quella di san Tommaso d'Aquino e di Jacques Maritain, senza però rinunciare alla caratteristica di fondo del lavoro filosofico svolto.

Analogia del concetto di legge

Occorre innanzitutto applicare in modo rigoroso e metodico l'analogia: analogia del concetto di legge.

Di fatto si è soliti affermare che le leggi si distinguono in base al loro autore[64]. In tal modo si lascia intendere che l'autore sia la variabile del concetto di legge. Con ciò però non si riesce ad evitare che tale concetto sia inteso in modo univoco.

---

[64] Cf J-M AUBERT, *Loi de Dieu, lois des hommes* («Le mystère chrétien»), Desclée De Brouwer,1965, p 29

La moderna teoria del diritto naturale di fatto ha in uso un modello univoco di legge, che di per sé respinge ogni estensione analogica, dentro il quale cerca di trasporre il suo concetto di razionalità.

Un positivista come Austin, pur definendo la legge in se stessa soltanto come un comandamento, di fatto parla della legge naturale come se essa fosse una legge positiva divina o come una parte della morale positiva[65], e quando talvolta ammette un uso analogico del concetto di legge, lo intende in senso puramente metaforico[66].

Per prendere sul serio il carattere analogico del concetto di legge, bisogna prima di tutto evitare di riferire necessariamente il concetto di legge ad una struttura tipizzata e, nel contempo, enuclearne il centro concettuale polivalente e significativo, a partire dal quale avrà luogo l'applicazione analogica.

In questa direzione, come ha ben visto Maritain[67], si può ancora oggi parlare di legge naturale.

Il nucleo concettuale al quale riferirsi resta quello già indicato Tommaso d'Aquino: "La legge è regola e misura degli atti, secondo la quale si è sollecitati ad agire o si è distolti dall'agire. Si dice infatti che "legge" derivi da "legare", perché obbliga ad agire. Ora ciò che regola e misura gli atti è la ragione"[68].

Qui rilevano due elementi: il primo è la funzione regolativa e normativa della ragione (ordinatio rationis); il secondo è costituito dagli effetti di tale regola su chi è regolato, poiché essa si presenta

---

[65] «Every Law properly so called is a positive law»: J AUSTIN, *The Province of Jurisprudence determined,* con una Introduzione di H L A Hart, Weidenfeld and Nicolson, London, 1971, p 124

[66] *Ibidem,* p 129 et ss.

[67] J. Maritain, *Neuf Leçons sur la loi naturelle,* Soisy, 1950. Quest'opera, cui farò spesso riferimento, verrà citata con la sigla LN seguita da una cifra romana che indica la lezione.

[68] S. Th. I^{a}-IIae q. 90 a. 1 co. Respondeo dicendum quod lex quaedam regula est et mensura actuum, secundum quam inducitur aliquis ad agendum, vel ab agendo retrahitur, dicitur enim lex a ligando, quia obligat ad agendum. Regula autem et mensura humanorum actuum est ratio.

come un principio – guida dell'azione ed impegna ad un comportamento coerente.

Entro questo schema concettuale sono possibili le applicazioni analogiche più vari relativamente alla differenza tra ragione divina e ragione umana e al carattere interno od esterno del principio – guida. Ciò avrà inevitabilmente delle ricadute sul modo di concepire la struttura propria della legge.

Necessità di superare la forma precettistica

La forma del precetto, come s'intende nell'atto della codificazione, mal si adatta alla legge naturale.

La legge positiva ha certamente la forma di un comandamento unidirezionale, che prescrive a certi destinatari un determinato tipo d'azione ad esclusione di altri. Il precetto si presenta come altamente selettivo quanto alle possibilità d'azione; il suo obiettivo è la negazione delle possibili azioni non volute. Comporta pertanto una razionalizzazione estrema della vita sociale, con lo scopo di spingere ad azioni uniformi, così da ridurre – come nota Luhmann – la complessità in vista di affrontare meglio la situazione contingente.

Trasferire questo modello dalla legge positiva alla legge naturale significa proiettare su essa un elevato grado di elaborazione razionale, ben lontano dalla natura. Se si è pensato di elaborare dei veri e propri codici di diritto naturale, è stato perché la legge naturale è stata considerata come il risultato del calcolo razionale, e in ultima istanza, dell'opera umana. Ciò ha portato ad una ideologizzazione della legge naturale, in quanto talune regole del comportamento, dettate o dedotte da una ragione storicamente condizionata, sono state considerate come eterne ed immutabili. Più la legge naturale si positivizza, più essa si allontana dalla natura e perde la sua ragion d'essere.

Per distinguere adeguatamente la legge naturale da quella positiva, bisogna innanzitutto coglierla nella sua particolare struttura. Così Maritain ha interpretato le leggi naturali come "schemi dinamici" d'azione[69] (espressione d'ascendenza bergsoniana). Senz'altro è molto difficile raggiungere una formulazione adeguata di questi modelli primordiali d'azione; infatti da una parte tutte le formulazioni comportano un certo grado di razionalizzazione e dall'altra parte questi schemi o modelli sono ormai carichi di tutte le specificazioni e applicazioni concrete operate dalla civilizzazione. Né si può ipotizzare un ritorno alla mentalità degli uomini primitivi, dal momento che essa sarebbe già attraversata dall'esercizio della ragione che si manifesta, ancorché in modo imperfetto, nei costumi e nei tabù sociali[70].

Si dovrebbe poter ricongiungere il momento in cui la coscienza morale si è "svegliata" a quello in cui per la prima volta c'è stato il senso del dover essere. Ma evidentemente ciò è impossibile.

Imperativi primordiali

Non resta allora che tentare di mettere a nudo le tendenze fondamentali della natura umana, che soggiacciono alle più diverse specificazioni ed inclinazioni che costituiscono le spinte segrete, all'opera senza sosta, del divenire morale dell'umanità.

Se volessimo esprimere nel nostro linguaggio questi imperativi primordiali, potremmo configurarli come una sorta di "avvisi" o "avvertimenti" più o meno simili a quelli di taluni segnali stradali:

---

[69] Cf *L'Homme et l'Etat, PUF 1953,* p 86. C'è senz'altro un legame tra gli schemi dinamici della legge naturale e la distinzione delle scienze della natura tra quelle che usano un metodo empirico metrico e quelle che seguono un metodo empirico schematico: Cf J MARITAIN, *La Philosophie de la nature,* in *OEuvres Complètes,* vol V, 1932-1935, Fribourg, Editions Universitaires, Paris Editions S Paul, 1982, p 919 et ss.

[70]Cf LN VIII

"Pericolo!" o "fondo scivoloso!"[71]. Non prescrivono una specifica azione da compiere, ma comunicano un atteggiamento, indicano qualcosa da prendere in considerazione, una situazione che esige attenzione, una tendenza da rispettare.

"Toro nel campo!". Questo annuncio, nella sua indeterminatezza descrittiva – apprensiva, può servire d'avvertimento che un dato di fatto deve essere preso in considerazione nell'accingersi all'azione. Così, agli inizi della coscienza morale, il comando di conservare la vita prende la forma condensata "Vita sacra!" e quello che proibisce l'omicidio potrebbe essere "Vita umana!". In questi "proclami" imperfetti, latenti nella coscienza più che esplicitati dal pensiero riflessivo, si rivela senz'altro un comportamento intellettuale e morale, ma senza un contenuto concettuale strettamente determinato.

La legge naturale si presenta allora non come un insieme di prescrizioni o di proibizioni, ma come un avviso polivalente d'azioni. Non impoverisce le possibilità dell'azione, ma mostra la sua ricchezza e la sua varietà. Si tratta, ovviamente, di azioni che sono compiute conformemente ad essa o in opposizione ad essa, ma essa non può essere violata allo stesso modo in cui s'infrange una norma che prescrive una determinata azione. Il più delle volte non è seguita che imperfettamente e non è mai compiuta in tutte le sue potenzialità.

Nessuna eccezione

La legge naturale non ammette eccezioni. Infatti l'eccezione comporterebbe il permesso di contravvenire ad essa, in una parola, di trasgredirla almeno in certi casi. Ciò che talvolta è necessario per il tipico modello della legge positiva, non lo è per uno schema dinamico, la cui struttura è capace d'inglobare in sé le eccezioni. Queste perdono

[71] Gli esempi sono quelli usati da Maritain. Cf LN VIII.

la loro caratteristica di eccezione e vengono assimilate come una delle possibili varianti dello schema. Così la proibizione di appropriarsi di ciò che appartiene ad altri non viene violata, e neppure sospesa, per chi, al fine di nutrire i propri figli che stanno morendo di fame, prende il cibo che appartiene ad altri, giacché esso gli appartiene già in forza della destinazione universale dei beni materiali alla specie umana in generale. Dopo tutto, il furto non può essere lecito in ogni caso.

Applicazione analogica del concetto di legge?

Non sarà tutto ciò un artificio intellettuale per aprire la strada all'applicazione analogica del concetto di legge?

Rispondo: no. Ne è prova il fatto che oggi si sente la necessità di dare alla stessa legge positiva un più largo campo d'azione e al tempo stesso di liberarla dalle angustie di un modello codicista[72]. L'esistenza di leggi – quadro e di leggi programmatiche, come pure la proposta di una legislazione fatta di clausole generali[73], testimoniano il tentativo di liberare le norme giuridiche da una determinazione troppo stretta.

Inoltre si noti che un sistema giuridico non è fatto soltanto di norme, ma anche di principi, e questi sono degli "standard" molto differenti dalle norme. Scrive R. Dworkin: "Chiamo 'principio' uno standard che deve essere osservato non perché esso provochi o mantenga una certa situazione (economica, politica o sociale) desiderabile, ma perché esso è un'esigenza di giustizia, o di correzione, o di qualche altra dimensione della morale"[74].

---

[72] Cf N. IRTI, *L'età della decodificazione,* Giuffrè, Milano, 1979

[73] S. RODOTA', *Ideologie e tecniche della riforma del diritto civile,* in «Rivista di diritto commerciale», 1967, pp 83-99 Maritain ha parlato della «norma-guida» distinguendola dalla «norme précepte» Cf J MARITAIN, *Neuf Leçons sur les notions premières de la philosophie morale,* Téqui, Paris, 1964, p 129.

[74] R DWORKIN, *Taking rights seriously,* Harvard University Press, Cambridge, Mass , 1977, p 22

L'esempio che Dworkin propone è questo: "Non sarà consentito a nessuno di trarre vantaggio dal suo comportamento illecito". A nostro avviso qui ci troviamo di fronte a un precetto dello "jus gentium" – come in seguito spiegheremo meglio – e di fatto Dworkin ascrive i principi alla moralità positiva[75].

Infine si osservi ancora che le norme sono applicabili nella modalità del "o tutto o niente". Se la norma è valida, si deve accettare il dettato che essa fornisce, mentre i principi possono essere validi[76], ma non essere applicati per seguire i principi di più grande portata[77].

S'aggiunga che gli schemi dinamici d'azione si prestano, a differenza delle norme e dei principi, ad una applicazione estesa a tipi di comportamento differenti tra loro.

Norme, principi e schemi dinamici: rapporti e differenze

Norme, principi e schemi dinamici sono i tre modelli principali delle leggi.

La norma tollera un'eccezione entro limiti quantitativi molto ristretti; il principio ammette un'eccezione qualitativamente giustificata, ossia in nome di un principio superiore; lo schema

[75] Per una versione più esplicitamente fondata sul diritto naturale della distinzione operata da Dworkin fra regola e principio, si veda Th. M. BENDITT, *Law as Rule and Principle. Problems of legal Philosophy,* The Harvester Press, Hassocks, 1978 La concezione di Dworkin è stata considerata come una forma di «diritto naturale metodologico» perché fondato sull'osservazione empirica del ruolo che il fattore morale gioca nel funzionamento delle istituzioni sociali e giuridiche. La costatazione della connessione effettiva fra diritto e morale non pregiudica pertanto la tesi positivista che le separa. Cf D A J RICHARDS, *Taking «Taking Rights seriously» seriously: Réflections on Dworkin and the American Revival of Natural Law,* in «New York University Law Review», 1977 (LII), p 1276

[76] Dworkin, però, si rifiuta di attribuire ai principi i criteri di validità propri delle norme, al punto che contesta la possibilità di considerare i principi come propriamente validi.

[77] DWORKIN, *op. cit.,* pp 24-25 Cf anche J FINNIS, *Natural Law and Natural Rights,* Clarendon Press, Oxford, 1980, p 279 et L FULLER, *The Morality of Law,* Yale University Press, New Haven,1969, p 199. G R CARRIO nota che questa caratteristica è egualmente propria delle norme: *Principi di diritto e positivismo giuridico,* in «Rivista di filosofia» 1970, p 143.

dinamico, invece, non concede nessuna eccezione, perché capace di inglobarla.

I rapporti e le differenze tra queste tre forme di legge abbisognano ancora di una chiara definizione. Penso che la loro distinzione non possa ridursi semplicemente al loro diverso grado di specificità. Secondo Raz le norme concernano azioni specifiche e i principi azioni altamente non specifiche[78]. In tal caso sarebbe difficile giustificare la loro differenza sul piano della validità. Si finirebbe col considerare gli schemi dinamici e i principi come delle norme indebolite. E questa è precisamente la prospettiva di chi considera la norma come il modello fondamentale della legge. Se la legge naturale è uno standard fondamentalmente differente dalla legge positiva, allora l'accusa, mossa molto spesso dai sostenitori del diritto positivo contro i sostenitori del diritto naturale, è senza fondamento. Kelsen, in effetti, ha denunciato l'inutile duplicazione che i difensori del diritto naturale fanno del mondo giuridico. Se le norme del diritto naturale sono erette per principio come valide, allora l'ordine giuridico positivo è un inutile doppione, nella misura in cui esso è conforme all'ordine naturale, oppure è inutile nella misura in cui è in contraddizione con esso. La stessa conclusione ci attende se passiamo al punto di vista dell'ordine giuridico positivo. In ogni caso si va contro il postulato dell'unità del sistema, che Kelsen ha così formulato: "un sistema di norme può essere valido soltanto se è stata esclusa la validità di tutti gli altri sistemi di norme che hanno la stessa sfera di validità"[79]. Questa critica è perfettamente accettabile, ma ha forza soltanto nei confronti della tesi che attribuisce alla legge naturale una struttura simile a quella della norma positiva e sostiene l'esistenza in atto di un ordine giuridico di diritto naturale. Occorre invece ribadire che la cosiddetta legge naturale ha una struttura del

---

[78] Cf J RAZ, *Legal Principles and the Limits of Law,* in «The Yale Law Journal», 1972 (LXXXI), p 838

[79] H KELSEN, *Natural Law Doctrine and Legal Positivism, Appendix* in *General Theory of Law and State*, trans W H Kraus, New York, Russel, 1973, p 410

tutto propria e ben distinta dalla norma giuridica e che propriamente non è neppure una legge giuridica. Se si parla di "legge" naturale, lo si fa in senso analogico, in quanto l'ordine giuridico virtuale in essa contenuto, si attualizza nelle più diverse istituzioni del diritto positivo[80]. Come si è detto la "legge" naturale non è il contraltare o la contraffazione della legge positiva, ma è piuttosto il suo dinamismo intrinseco e il suo continuo oltrepassamento.

Roscoe Pound, filosofo americano del diritto, attribuisce al diritto naturale una condizione infra - giuridica ed afferma che esso ha la sua vera funzione come critica dell'elemento ideale del diritto positivo, piuttosto che come termine di confronto della validità delle leggi positive[81]. Nella prospettiva teista si dirà che questa funzione critica ideale è il segno di una ragione superiore a quella dell'uomo, ossia della ragione di Dio[82].

Legge e diritto

Indubbiamente il positivismo kelseniano ha cancellato la differenza tra il concetto di legge e il concetto di diritto. Mi sembra invece che si possa enucleare qualche differenza tra i due, proprio sulla base dell'analogia. Come è noto nell'analogia c'è un *analogatum princeps* e degli *analogata secundaria*. Ebbene il concetto di diritto si realizza pienamente nel diritto positivo, che pertanto è *l'analogatum princeps*, mentre si realizza in modo depotenziato, quanto alla sua pienezza di senso, nel *jus gentium*, detto anche diritto comune dell'umanità civilizzata, che è dunque un *analogatum secundarium*. Infine c'è un altro *analogatum secundarium*: è il

---

[80] Cf LN II

[81] R POUND, *Natural natural Law and positive natural Law,* in « Law Quarterly Review», 1952, (LXVIII), p 330

[82] Cf LN V, dove si trova anche questa affermazione: « En Amérique, un juriste comme P n'admet jamais qu'il est partisan de la loi naturelle, mais vous trouverez chez lui des affirmations qui reviennent en termes différents à l'affirmation de la loi naturelle ». L'abbreviazione «P» indica certamente Pound.

diritto naturale che realizza in sé il concetto di diritto in senso ancora più debole, dal momento che si presenta come un ordine giuridico meramente virtuale.

Si noti che, sulla scorta di Maritain, attribuisco il *jus gentium* alla *Zivilisation* (civiltà -intellettualità), non alla *Kultur* (civiltà - vita).

Il positivismo giuridico parte dal concetto di diritto e privilegia dunque giustamente il diritto positivo, ma è portato, per il rifiuto del metodo analogico, a spogliare il diritto naturale di ogni significato giuridico (persino virtuale). Anzi, tende ad identificare diritto e legge, dal momento che di fatto i due concetti si confondono nell'ottica dell'ordine giuridico positivo. Conseguentemente, il positivismo giuridico identifica indebitamente il diritto naturale e la legge naturale, travolgendoli entrambi nel medesimo rifiuto.

Il moderno giusnaturalismo compie un'operazione diametralmente opposta. Parte dal concetto di legge e così privilegia correttamente la legge naturale, ma, poiché vede in essa il diritto già realizzato, non riesce a dare conto della specificità dell'ordine giuridico positivo, se non richiamandosi all'efficacia e alla forza.

Giusnaturalismo e positivismo giuridico finiscono tutte e due col non distinguere più fra diritto e legge e col concentrare tutta la specificità del concetto di diritto nel diritto soggettivo.

Vedete quanti malintesi sono sorti dal rifiuto di San Tommaso di considerare una legge ingiusta come una vera legge. In realtà S. Tommaso non dice che una legge ingiusta non è un diritto valido; anzi, suggerisce alcuni motivi per cui in talune circostanze è opportuno obbedire ad essa. Egli vuole soltanto affermare che una legge ingiusta non incarna il concetto di legge nel senso pieno del termine, perché essa non è conforme alla ragione[83]. Se invece si

[83] Cf tra i vari passi citabili: S. Th., I-IIae, q.95 a.2 et a. 4; S. Th. II-IIae, q. 104 a. 6.

distingue fra diritto come ordinamento oggettivo di azioni promosso e garantito da un'autorità[84], e legge, come regola ordinatrice, allora si comprende tutta la pregnanza di significato del diritto positivo, alla formazione del quale concorrono non soltanto le norme giuridiche, quelle del costume e della moralità positiva, ma anche, attraverso queste e al di là di queste, gli schemi dinamici della legge naturale. Il diritto positivo è un ordinamento oggettivo di azioni che ha raggiunto tutta la sua determinazione e la sua completezza, ma che per ciò stesso ha perduto l'universalità.

Sergio Cotta, ponendosi dal punto di vista del diritto e non della legge, vede nel diritto positivo lo stesso diritto naturale ormai in vigore[85], sicché giunge alla conclusione che tutto il diritto è naturale nella misura in cui trae la sua giustificazione obiettiva dal riconoscimento, mediante la ragione, della coesistenza degli individui. Maritain, invece, ponendosi dal punto di vista della legge, ritiene che tutto il diritto sia positivo, in quanto è la concretizzazione e l'attualizzazione del carattere virtuale del diritto naturale. Queste due posizioni sono pienamente compatibili, essendo dipendenti dai rispettivi punti di vista[86]. Entrambi partono dalla convinzione che il diritto naturale non ha l'attualità di un ordine giuridico ideale esistente e alternativo all'ordine positivo. Si potrebbe dire che il diritto naturale non esiste – non è in vigore – al di fuori del diritto positivo, ma che la legge positiva non esiste, nel senso pieno di legge,

---

[84] In fondo l'aquinate si riferisce a questo ordinamento oggettivo delle azioni quando definisce il diritto come "ipsa res justa". Troviamo un significato simile nella concezione del diritto come "morfologia della prassi": Cf V. FROSINI, *La struttura del diritto*, Giuffré, Mi9lano 1971[3].

[85] S. COTTA, *Giustificazione e obbligatorietà delle norme*, Giuffrè, Milano, 1981, p 131. Cotta riprende e sviluppa un'intuizione di Capograssi.

[86] C'è una differenza tra la dottrina delle inclinazioni naturali e quella delle forme essenziali della coesistenza, cui Cotta accorda la preferenza (o.c. pp. 132 – 135). La differenza è importante e chiama in causa differenti orientamenti del pensiero. A Cotta la posizione di Maritain appare troppo psicologica e legata ad una considerazione non razionale della soggettività, adatta più a spiegare la legge come principio – guida, che il diritto. Ciononondimeno, si può ricavare dall'analisi delle inclinazioni naturali, la costatazione che l'uomo è un essere in relazione.

se non all'interno della legge naturale, che ne è la matrice originaria e il fondamento.

Conoscibilità della legge naturale

Ma si può conoscere la legge naturale? È la questione centrale che vorrei affrontare nello spirito, più che nella lettera, dei testi di Tommaso d'Aquino.

È fuori discussione che la legge – qualsiasi legge – per essere tale deve essere promulgata da un'autorità: soltanto quando è promulgata una legge è conoscibile e può essere consapevolmente osservata o violata. Vi è dunque uno stretto legame tra promulgazione e conoscenza della legge. Si pone pertanto la questione della promulgazione della legge naturale, giacché da questa dipenderà la sua conoscibilità.

La risposta tradizionale è stata riassunta molto bene da Aubert: "San Tommaso spiega che la legge eterna è stata promulgata dall'eternità da parte della ragione divina; la legge naturale non abbisogna di una promulgazione dall'esterno, perché essa è promulgata all'interno della ragione umana. Per le altre leggi, divine ed umane, per il fatto che sono leggi positive, c'è necessariamente un intervento storico del legislatore"[87].

È un riassunto preciso, se si resta fermi al senso letterale dei testi tomisti, che però non dà sufficiente peso a ciò che il dottore angelico voleva dire.

La divisione tra legge eterna, legge naturale e legge positiva suggerisce l'idea che si tratti di tre distinte sfere di competenza, invece non è così: la legge naturale non è altro che la stessa legge eterna in quanto partecipata nella creatura razionale. Se le leggi si

[87] AUBERT, *op. cit.*, p. 23.

distinguono secondo il loro autore, allora non c'è differenza fra legge eterna e legge naturale, perché l'una e l'altra sono emanate dalla ragione divina. Il successo della tripartizione è dovuto alla credenza che la legge naturale sia una parte della legge eterna sottratta al mistero di Dio e accessibile alla ragione umana. Si è pensato che la legge naturale fosse ciò che noi possiamo conoscere del disegno divino sull'universo o, in altre parole, il punto d'incontro tra la ragione divina e la ragione umana, di modo che, in definitiva, essa avrebbe per fonte e per autore la ragione *sic et simpliciter*. Ma è una concezione astratta della ragione, come astratto è ogni sapere considerato indipendentemente dal soggetto concreto che l'esercita. Tuttavia in questo modo la legge naturale ha raggiunto la sua autonomia nella moderna teoria del diritto naturale: ne sono prova chiara l'affermazione di Grozio sull'indipendenza della legge naturale rispetto a Dio (*etsi Deus non daretur*) e la tesi di Kant sull'autonomia della ragione pratica. Già Gabriel Vazquez (1551 – 1604), commentando la Summa Thologiae di S. Tommaso, si era mostrato ben consapevole che dalla natura considerata in se stessa non si può ricavare alcuna obbligazione ed aveva osservato che, se l'obbligazione è vista unicamente come un oggetto della conoscenza razionale umana e come misurato dalla ragione divina, allora la legge naturale perde la sua forza di obbligo, cioè non è più *lex paecipiens*, e diventa soltanto una *lex indicans*.

Ma è proprio questo ciò che l'Aquinate intendeva affermare?

a) Per san Tommaso la sola ragione chiamata in causa dalla legge naturale è la ragione divina, non tanto nel senso che la ragione divina garantisca il valore e l'esercizio della nostra ragione nella sua attività di scoperta della legge naturale, ma nel senso di escludere che la ragione umana abbia una parte d'iniziativa o un qualunque ruolo sia circa l'esistenza della legge naturale sia circa la conoscenza di essa. Per il dottore angelico si tratta di porre in chiaro che, se Dio non esistesse, la legge naturale non avrebbe alcun potere di obbligazione;

se essa non si fondasse sulla ragione divina, non sarebbe una legge; se non fosse una legge, non sarebbe un obbligo[88].

b) Posto che la legge eterna e la legge naturale hanno lo stesso fondamento, qual è la differenza tra le due? La legge naturale è la medesima legge eterna, considerata, però, non in relazione al suo autore, ma in rapporto al suo destinatario. È la legge eterna in quanto inscritta nella creatura razionale, ossia in quanto promulgata nell'uomo. La legge naturale non è altro che questa stessa promulgazione. È questo il senso della nota definizione "*partecipatio legis aeternae in rationali creatura*"[89]. La legge naturale è la legge eterna considerata non nel suo principio regolatore e misuratore, ma nel soggetto regolato e misurato, quando questo soggetto è una creatura razionale[90]. Si potrebbe dire che la legge naturale è il modo in cui la legge eterna prende la forza di legge per gli esseri razionali e liberi.

c) Dal momento che la legge naturale è inscritta nella natura, il suo primo elemento è quello ontologico. Da questo punto di vista essa riguarda tutti gli enti che esistono in natura[91]. Tuttavia la legge naturale è tale non soltanto perché è radicata nella natura, ma anche perché essa è conosciuta naturalmente, ossia è conosciuta attraverso le inclinazioni naturali tramite una specie di connaturalità e non tramite una conoscenza concettuale e raziocinante. Tutto ciò che è in consonanza con le inclinazioni essenziali della natura umana, è percepito dalla ragione naturale come bene[92]. Ci si trova qui davanti ad una conoscenza indimostrabile, oscura, non sistematica, vitale, che procede per esperienze tendenziali o per "connaturalità". Il fatto che la maggior parte degli uomini non riesca a giustificare

---

88 Cf S. Th., I-IIae, q. 93 a.1 et q. 91 a. 2.

89 Cf S. Th., I-IIae, q. 91 a. 2.

90 Cf S. Th. , I-IIae, q. 90 a. 1 ad 1 m

91 MARITAIN, *L'Homme et l'Etat, op. cit.*, p 79

92 MARITAIN, *Natural Law and Moral Law,* cit , p 63 [*Quelques remarques sur la loi naturelle,* in «Nova et Vetera», 1978, no 1, p 2 *Réd.*]

razionalmente le sue convinzioni morali più profonde non è un segno dell'irrazionalità o della non validità di queste, ma piuttosto della loro naturalità essenziale e di una razionalità superiore a quella umana[93].

d) C'è un modo di conoscenza specifica della legge naturale che fa tutt'uno con il modo di essere di questa. A riguardo della legge naturale ontologia e gnoseologia sono indissociabilmente congiunte, natura e conoscenza sono ancora confuse in modo vitale. Questa specifica forma di conoscenza è la conoscenza naturale, ovvero la ragione naturale (*ratio naturalis*). Proprio contro questa conoscenza il giusnaturalismo moderno, a partire da Hobbes, ha lanciato i suoi anatemi[94]. In effetti la ragione naturale è priva di due qualità che sembrano essenziali alla razionalità umana: non è un potere strumentale, che procede attraverso il calcolo delle cause e degli effetti, e non è neppure dotata dell'evidenza razionale, perché si trova in uno stato di oscurità e crepuscolo. La ragione naturale è il modo in cui il senso della natura umana è percepito immediatamente dalla coscienza dell'uomo. Quindi ha tutti i difetti inerenti alla mancanza di controllo e di verifica, di riflessione e di ragionamento. In quanto tale è fallibile, soprattutto perché può essere perturbata dai fattori storici e culturali, ma, per contro, ha il privilegio di stabilire un contatto immediato ed intimo con il reale.

La ragione e il suo esercizio

A questo livello la ragione umana si presenta soltanto come misurata dalla ragione divina e non come misura. Si tratta della ragione colta non nel suo esercizio, ma nella sua natura. Quest'atto, che consente la presa di coscienza delle inclinazioni naturali, non si

[93] MARITAIN, *De la connaissance par connaturalité,* in «Nova et Vetera», 1980, no 3, p 186

[94] Hobbes ha scritto che « la ragione non è una facoltà nata con noi come lo sono il senso e la memoria, e nemmeno ricavata dall'esperienza, come la prudenza, ma qualche cosa che si ottiene attraverso un'operosa attività» (Leviathan, I, cap. V)

risolve in una costruzione di concetti, bensì consiste nel percepire in sé il senso del proprio essere. La ragione si trova dunque in uno stato di passività, del tutto simile a quello della conoscenza sensibile, e preliminare al dispiegamento dell''attività raziocinante, ma al tempo stesso garanzia che quest'ultima si fonderà sul reale e non su un vuoto gioco di concetti. La conoscenza per connaturalità è opera della ragione, ma di una ragione che si comporta come natura. Giustamente J. de Finance, nella scia di Maritain, ha distinto la ragione raziocinante dalla ragione informante. Quest'ultima è una ragione – natura, non afferrabile direttamente, che si manifesta tramite attività spontanee, profondamente razionali, ma non dipendenti da un giudizio critico, da un pensiero formale e riflesso[95].

Luhmann ha sottolineato che oggi la razionalità del soggetto non è più una convinzione o un postulato, ma un problema. Egli pensa che il modo d'operare della sociologia oggi, non può essere che quello di un nuovo illuminismo che ponga al centro della sua analisi non il soggetto, ma il sistema sociale, non la razionalità del soggetto, bensì la razionalità del sistema. In effetti, all'interno dei sistemi di azioni, l'esperienza del soggetto può assumere diversi orientamenti e, in questo senso, la razionalità del sistema precede la razionalità del soggetto[96]. In un sistema sociale altamente sviluppato e caratterizzato da una progressiva astrattezza, ci allontaniamo sempre più dalla razionalità collegata alla soggettività, connessione di cui la ragione naturale è la più elementare espressione. L'abbandono della natura è anche abbandono della soggettività a favore dell'oggettività di un mondo artificiale ed astratto, in cui la razionalità è soltanto calcolo.

---

[95] J DE FINANCE, *La nozione di legge naturale,* Vita e Pensiero, Milano, 1970, p 24

[96] Cf N LUHMANN, *Sozjologische Aufklärung, Aufsätzt zur Theorie sozialer Systeme,* Westdeutscher Verlag, Köln-Opladen, 1970 Le basi filosofiche di questo orientamento culturale sono illustrate da F R DALLMAYR, *Twilight of Subjectivity. Contribution to a Post-lndividualist Theory of Politics,* University of Massachusetts Press, Amherst, 1981

La conoscenza per connaturalità

La conoscenza per connaturalità della legge naturale concerne, innanzitutto, i precetti primi o assolutamente generali, che sono invariabili, immutabili e a tutti noti[97]. Questi, a loro volta, stanno alla base degli schemi dinamici, che sono il modo in cui la ragione naturale percepisce come bene, ossia come degno d'essere realizzato, tutto ciò per cui l'uomo ha un'inclinazione naturale. Il fulcro su cui ruotano tutti i precetti assolutamente primi, può essere enunciato così: "agisci da uomo!". La filosofia morale, riflettendo sui dati primordiali della coscienza, spiega che il suddetto precetto dipende a sua volta dal principio "bisogna agire per quello che si è" e che agire da uomo significa agire conformemente alla ragione. Tutto questo, però, è percepito dalla ragione naturale dentro l'esperienza vitale, senza fare ricorso a delle deduzioni fondate sulla definizione dell'uomo. La coscienza, che si sveglia alla vita morale, sente innanzitutto l'imperativo fondamentale della ragione pratica: "dal momento che sei uomo, agisci da uomo!". È questa la radice da cui si dipartono le inclinazioni naturali. Il sensus della propria umanità e del dovere che essa implica, non è una coscienza meramente formale. Se esso non precisa ancora in modo determinato ciò che significa "agire da uomo", non è perché sia una forma vuota, ma perché è ricco di tutte le implicazioni che la storia umana porrà in evidenza. Tutto ciò è percepito in modo oscuro e in uno stato crepuscolare, però si trova alla base dell'ordine morale e politico. U. Scarpelli, commentando Hobbes, ammette che la passione per la vita non è privata, ma universalmente umana, che "è nata con l'uomo"; tuttavia vede nella passione per la vita qualcosa che contrasta con l'ordine dell'essere e del bene. Per Scarpelli, come per lo stesso Tommaso d'Aquino, l'argomento delle inclinazioni naturali conosciute dall'umanità, non ha la forza di una dimostrazione logicamente

[97] LN VI

stringente, anche se ha la suggestione di un argomento persuasivo che aiuta ad avere il coraggio di guardare e leggere in sé stessi - al di là delle mutevoli passioni nate con l'esperienza, al di là delle incrostazioni dell'educazione e dell'ipocrisia sociale - la passione fondamentale, che è la passione per la vita[98].

La passione per la vita non è necessariamente qualcosa d'irrazionale e può essere considerata come una conoscenza per connaturalità della legge naturale. Ma questa passione per la vita non smette mai di assumere i tratti delle diverse epoche culturali.

La passione per il proprio esserci individuale è il travestimento che il precetto primario della legge naturale assume nel mondo moderno, rappresentato simbolicamente dall'antropologia di Hobbes. Tale passione non è infondata, ma è l'interpretazione imperfetta della matrice più profonda che è la passione per la vita umana, ossia per una vita degna dell'uomo.

Legge naturale e jus gentium

Contrariamente a quanto affermato dal giusnaturalismo moderno, la legge naturale non è affatto estranea ai fenomeni culturali. Innanzitutto perché la legge naturale non è scritta, essendo piuttosto una tendenza, che gli uomini decrittano con maggiore o minore facilità e in gradi diversi, correndo il rischio di sbagliarsi. Le vicissitudini delle diverse culture e l'evolversi della coscienza morale hanno modulato e declinato la conoscenza della legge naturale all'insegna della libertà e della contingenza, ossia senza seguire un procedimento metodico, sebbene si possa oscuramente cogliere talune costanti. In altre parole, non è uno sviluppo graduale da uno

[98] U SCARPELLI, *Thomas Hobbes. Linguaggio e leggi naturali. Il tempo e la pena,* Giuffrè, Milano, 1981, p 37 – 38. Si veda anche F. VIOLA, *Hobbes filosofo modemo*? nella «Rivista internazionale di filosofia del diritto», 1982, pp 103-113

stadio grossolano della morale e della spiritualità ad uno stato di dispiegamento della ragione, come pretende la filosofia della storia di matrice illuministica o positivistica. I mutamenti nella conoscenza della legge naturale non riguardano soltanto la concettualizzazione della medesima, ma la stessa conoscenza per connaturalità. Ciò significa che non si deve semplicisticamente identificare la conoscenza per connaturalità con la mentalità primitiva e che, nell'interpretazione della legge naturale, vi è sempre un certo grado d'imperfezione legato alle condizioni storiche e culturali. Bisogna dunque evitare di pensare che la conoscenza per connaturalità sia legata ad uno stato di pura natura, stato che appartiene alla mitologia del razionalismo.

Le matrici polivalenti dei precetti della legge naturale ne autorizzano un'applicazione diversificata, anche se non indifferenziata. I cambiamenti della coscienza morale consentono di giudicare come inadeguate talune applicazioni, già realizzate sotto l'impulso dei precetti primi, e di identificare quelle più conformi alla ragione. Le concrezioni storiche, più che come stratificazioni che si sovrappongono alla natura umana dando luogo ad una sorta di natura artificiale, dovrebbero essere considerate nella loro funzione di liberazione delle potenzialità e delle inclinazioni naturali. Certamente non siamo in presenza di una legge necessaria, e di fatto il cammino storico resta ed è ambiguo; tuttavia non si può negare che le acquisizioni scientifiche e le realizzazioni tecniche siano di aiuto nell'evidenziare la fisionomia di talune inclinazioni della natura umana e nel rivelarne di nuove[99], sebbene altre ne risultano mortificate.

Così, in un'epoca in cui c'era bisogno di uomini per i lavori pesanti, era difficile avvertire che la schiavitù è contraria alla legge naturale. Oggi, invece, c'è una consapevolezza diffusa dei diritti

---

[99] CF LN VIII

dell'uomo e la loro lista non smette d'allungarsi, non per effetto di deduzioni sempre più vincolanti, ma per la pressione di situazioni contingenti e per il clima culturale che vede dilatarsi in modo vertiginoso il rischio di manipolazione della persona umana. In questo senso si può parlare di una crescita della conoscenza dei diritti umani per connaturalità, sebbene molti di essi non abbiano ancora un carattere giuridico in senso stretto e facciano tutt'uno con la legge naturale. Questa infatti non si limita a prescrivere dei doveri, ma riconosce anche dei diritti[100].

Di pari passo alla crescita della conoscenza per connaturalità, c'è anche una progressiva formulazione concettuale delle istanze della legge naturale. La ragione umana sussume i primi principi sotto il proprio modo di procedere, che è quello della deduzione e della costruzione dei concetti. Si tratta di una conoscenza che si basa sulle dimostrazioni e sulla necessità logica. Ciò non significa che intervengano già moralisti e giuristi. Prima del loro intervento, opera la ragione comune dell'umanità. Ma ciò che è conosciuto concettualmente non è già più legge naturale, bensì *jus gentium*. La differenza specifica tra legge naturale e *jus gentium* sta precisamente nell'elemento gnoseologico, ossia nella differenza tra conoscenza per connaturalità e conoscenza concettuale, sicché lo stesso precetto può essere conosciuto in due diversi modi (per esempio "non ammazzare"). Tuttavia alcuni precetti possono essere conosciuti soltanto tramite deduzione. "Non si condanni nessuno prima d'averlo ascoltato" è una conclusione logicamente dedotta da ciò che è dovuto, secondo giustizia, ad un uomo accusato. Si ha così una regola che appartiene al *jus gentium* non soltanto in base al modo in cui è conosciuta, ma anche per il suo contenuto.

[100] Qui la nozione di diritto si avvicina molto al significato moderno di "diritto soggettivo". Cf MARITAIN, *The Natural Law und Human Rights, op. cit.*, p 43 (*Les droits de l'homme et la loi naturelle, op. cit.*, p 85)

Quando un precetto è il risultato dell'esercizio concettuale della ragione umana, anche se questa si limita a conoscere ciò che già esiste, allora la ragione si fa in qualche modo legiferante e la legge, in un certo senso, si positivizza. Anche per san Tommaso il *jus gentium* è un diritto positivo (a differenza del diritto naturale che è meramente virtuale), nel senso che in esso c'è già un ordine giuridico formale, sebbene non necessariamente scritto in un codice.

In quanto legislatrice, la ragione umana è di conseguenza anche giudice. Questa attitudine giudicativa dell'umanità tende ad esprimersi in alcune istituzioni positive, di modo che l'esistenza di un tribunale del *jus gentium* non è qualcosa di anormale, come invece lo sarebbe l'esistenza di un tribunale della legge naturale[101].

Infine è evidente che la ragione umana è l'autrice della legge positiva in senso stretto, non soltanto in rapporto alla sua conoscenza, ma anche in relazione alla sua esistenza.

L'errore del giusnaturalismo moderno non consiste tanto nell'insistenza sulla funzione legislatrice della ragione, quanto nell'aver confuso legge naturale e jus gentium, ignorando la dimensione culturale della prima e il carattere positivo del secondo.

In sintesi, nei confronti della legge naturale la ragione umana è misurata e non misurante, a riguardo del jus gentium essa è misurante e misurata, e nei confronti della legge positiva è misurante e non misurata.

Il rapporto tra legge naturale e cultura

Dal momento che la natura ha perso ogni staticità e fissità, per essere più correttamente intesa come il grembo vitale in cui nascono e si alimentano le opere della cultura, scompare l'opposizione tra

[101] Cf F. VIOLA *Concezioni dell'autorità e teorie del diritto*, Japadre, l'Aquila 1982

natura e cultura. Essendo la fonte della cultura, la natura svolge a suo riguardo un ruolo normativo. Si potrebbe dire che la natura umana è ad un tempo ed indissociabilmente matrice e norma. Poiché questa normatività racchiude in sé modelli alternativi, essa costituisce anche un limite ai tentativi sempre ricorrenti di assolutizzare le culture. In tal modo la relatività dei prodotti culturali è sottratta al relativismo storicista e trova il suo fondamento nella metafisica dell'essere. La natura umana non è un'ombra alle spalle della cultura, ma ne è ad un tempo l'origine, il compimento e il criterio di valutazione, perché l'uomo produce cultura proprio in quanto non si lascia mai imprigionare da nessuna cultura particolare e, in questo senso, è un essere transculturale. ,

A questo punto si impongono due distinzioni concettuali.

1^. È opportuno distinguere tra lo sviluppo di un'inclinazione naturale lungo i secoli e la liberazione di un'inclinazione naturale mediante il concorso di circostanze storiche favorevoli. Come già osservato, la tecnica può svolgere una funzione liberatrice, ponendo di nuovo in evidenza alcune tendenze naturali represse. S'aggiunga che le medesime inclinazioni naturali, poiché proprie dell'uomo che è un animale storico, un animale transculturale, si modificano in funzione dell'esperienza morale collettiva e mediante un processo complesso di tentativi ed errori. Questi mutamenti avvengono restando all'interno delle inclinazioni fondamentali, funzionali al raggiungimento dei fini generali della natura umana, e grazie all'incontro occasionale di particolari situazioni concrete, come si presentano di tanto in tanto nella storia. È questo doppio processo di mutamento e di liberazione delle inclinazioni a caratterizzare la manifestazione graduale della natura umana nel tempo, o, che è lo stesso, la graduale presa di coscienza della legge naturale.

2^. Occorre poter distinguere le applicazioni autentiche degli schemi dinamici della legge naturale da quelle che sono assurde o aberranti. Si tratta di uno spinoso problema metodologico. Si può ricorrere, come sosteneva Maritain, ad un metodo empirico – storico, secondo cui le regole che hanno avuto grande stabilità, riconoscimento e diffusione pressoché universali lungo i secoli, corrispondono alle inclinazioni naturali autentiche e perciò devono essere fatte proprie dalle generazioni successive. Questo criterio non è sufficiente: a) esso non comporta nessuna valutazione; b) da solo potrebbe portare ai più assurdi risultati. È indispensabile unirlo ad un metodo analitico razionale, che valuti i precetti morali, raccolti dalla ricerca empirica, sulla base della loro conformità ai fini della natura umana.

Osservazioni finali

In fin dei conti che cos'è la conoscenza per connaturalità? Supponiamo per un momento che ci sia chiara la nozione di conoscenza per connaturalità. Ebbene in questa nozione non si potrà negare che la ragione umana – considerata nel suo esercizio di concettualizzazione – abbia un certo gioco. Se si ammette un mutamento storico delle inclinazioni naturali, bisogna anche riconoscere che questo mutamento è dovuto almeno in parte all'impiego della ragione. L'esercizio della ragione, che è la sorgente della civilizzazione, sviluppa degli abiti, cioè fa acquisire delle tendenze, che possono benissimo essere una realizzazione, e quasi una fioritura, delle inclinazioni naturali, ma anche di quelle ad esse contrarie. In alcuni casi non si può proprio parlare di sviluppo della natura umana senza far intervenire l'attività della ragione. La stessa conoscenza per connaturalità non esclude affatto di essere preceduta dall'esercizio concettuale della ragione. È significativo che san Tommaso d'Aquino parli della conoscenza per connaturalità in riferimento alle virtù morali. Possedere una virtù significa averla assimilata interiormente ed essere in accordo con essa nel proprio medesimo essere. Ciononostante non si nasce virtuosi, ma lo si diventa mediante l'esercizio prolungato di dominare le passioni, esercitato dalla ragione e dalla volontà. Cosa che non si realizza senza un certo grado di riflessione e di elaborazione concettuale. Certamente non è la concettualizzazione propria della filosofia morale; ma, anche supponendo che sia un'attività astrattiva ancora implicita, ancora incapace di giustificarsi in modo scientifico, bisogna tuttavia ammettere che sia già in possesso di qualche motivazione o argomento. Certamente la conoscenza per connaturalità, di cui parla l'aquinate a proposito dell'uomo virtuoso, non è la conoscenza naturale come presa di coscienza della legge naturale. E se mai vi fosse una corrispondenza tra il processo di radicamento dell'abito virtuoso nell'uomo e il processo di radicamento della conoscenza della legge naturale nella ragione comune dell'umanità, la connaturalità, nell'uno e nell'altro caso, chiamerebbe in causa l'intervento della ragione umana. Del resto la connaturalità gnoseologica non sarebbe il risultato di un'abitudine meccanica e meramente ripetitiva, ma la conseguenza del fatto che ragione, con i suoi procedimenti logico – astrattivi, fa parte della natura umana.

Non consideriamo la tesi, teologica più che filosofica, della legge naturale come promulgazione della legge eterna per le creature razionali, che chiama in questione il modo in cui l'uomo ne avrebbe conoscenza, prescindendo dal processo astrattivo. Diciamo invece qualcosa su un altro punto: i precetti di legge naturale sono evidenti? La risposta è chiara: no. Se fossero evidenti, dovrebbero essere conosciuti di colpo con un atto di intuizione e ciò smentirebbe il carattere graduale della loro conoscenza. Se invece fossero appresi attraverso una conoscenza affettiva, che sarebbe crepuscolare, confusa, emotiva e non riflessiva, si dovrebbe precisare quale significato avrebbe qui il termine conoscenza e perché sarebbe necessario l'intervento chiarificatore, e finanche normativo, di un'autorità, dal momento che ogni essere umano avrebbe nella sua coscienza i criteri per una valutazione morale istintiva e inesprimibile tramite concetti.

Conclusivamente. Se non si può e/o non si vuole rinunciare a parlare di legge naturale e di diritto naturale, bisogna però essere consapevoli che la legge naturale, salvo che nella sua forma pre-coscienziale, è un prodotto della ragione umana, la quale è la preda designata della fallacia naturalistica.

4.
Contro natura – Secondo natura. Postilla non scientifica

7 maggio 1998

Presento le seguenti considerazioni come una postilla non scientifica al capitolo precedente. Essa risale a parecchi anni dopo il precedente capitolo e illustra il senso dell'affermazione con cui questo si conclude.

In epistemologia, l'***assioma*** è una proposizione o un principio che viene assunto come vero perché ritenuto evidente o perché fornisce il punto di partenza di un quadro teorico di riferimento. L'insieme degli assiomi e dei concetti primitivi costituiscono il fondamento, il "punto di partenza", di ogni teoria deduttiva che si presenti come sistema assiomatico Un assioma in ambito geometrico viene chiamato postulato. Un ***postulato*** si differenzia da un assioma in quanto è introdotto per dimostrare proposizioni che altrimenti non potrebbero essere dimostrate. In altri termini si può definire come una semplicissima "teoria *ad hoc*", accettata grazie alla sua utilità. Gli assiomi e i postulati, proprio per loro natura, *non sono mai dimostrati.*

Secondo natura – Contro natura

L'assioma «secondo natura, perciò moralmente corretto; contro natura, perciò moralmente errato» è usato esclusivamente – o quasi - nelle discussioni riguardanti la bioetica (*de quinto*) e l'etica sessuale (*de sexto*).

I. Una prima formulazione embrionale dello schema "secondo natura = moralmente corretto; contro natura = moralmente errato" può essere questa: *per l'uomo c'è l'obbligo morale di seguire le indicazioni della natura creata da Dio*. Qual è il fondamento di tale obbligo? È Dio stesso. Più precisamente: dietro la natura creata c'è la saggezza e la volontà di Dio creatore e legislatore; la natura è così come essa di fatto è perché Dio saggio e legislatore l'ha creata così manifestando in essa la sua saggezza e la sua volontà legislatrice. Potremo perciò formulare l'assioma in questi termini: *l'uomo ha l'obbligo morale di seguire le indicazioni della natura che Dio ha creato secondo l'ordine saggio da lui voluto*. Proviamo ad applicare l'assioma così formulato ad alcuni casi:

a) germi e batteri quali l'Escherichia coli, lo Streptococco fecalis, il Bacterioides fragilis, il Peptostreptococco, si trovano *naturalmente* nell'intestino cieco dell'uomo; essi però con la loro attività, in determinate condizioni intestinali, provocano l'appendicite acuta suppurativa e l'appendicite acuta gangrenosa che può portare persino alla morte. L'uomo per difendersi, interviene chirurgicamente, ossia *artificialmente*, ad asportare l'appendice. Questo intervento artificiale dell'uomo elimina dall'intestino umano ciò che la natura vi ha messo, ossia l'appendice e i batteri ospiti.

b) La natura produce lepidotteri, coleotteri, ditteri, psocotteri, tisauri, acari, e tanti altri insetti che per natura vivono a spese di cariossidi di frumento, orzo, avena, riso, mais, ecc. Tali insetti per natura veicolano virus e funghi che non solo danneggiano e impoveriscono i raccolti, ma possono provocare danni alla salute dell'uomo (batteri patogeni, uova di parassiti, protozoi, dissenteria, diarrea, febbre tifoidea e così via), qualora venissero consumate derrate alimentari contaminate da essi. Per questo l'uomo interviene artificialmente a distruggere i parassiti con insetticidi e fungicidi chimici. Anche questo intervento dovrebbe essere considerato moralmente sbagliato, perché contrasta ciò che è fatto dalla natura creata da Dio.

II. Evidentemente gli esempi a), b) presentano situazioni insensate e inaccettabili. Di fatto nessuno – o quasi nessuno – interpreta l'assioma «secondo natura = moralmente retto, contro natura = moralmente sbagliato», nel significato che tutto quanto è in natura sia un dato moralmente vincolante. Ecco allora un'altra formulazione dello stesso assioma: *tutto ciò che nella natura possiede un senso ed una finalizzazione è un dato che vincola moralmente, perché creato da Dio secondo la sua sapiente volontà.* Secondo questa formulazione più sofisticata vanno considerati come moralmente errati solo gli interventi artificiali che contraddicono il senso e la finalizzazione che i dati naturali posseggono. Ma qual è il senso e la finalizzazione fra la presenza di germi e batteri nell'appendice umana e la malattia o addirittura la morte dell'uomo? fra la presenza *naturale* dei parassiti sulle cariossidi alimentari, il danneggiamento e la scarsezza del raccolto e le infezioni alimentari che minano la salute dell'uomo?

III. La domanda posta, ci aiuta a precisare ancora meglio l'assioma di partenza. Se ogni dato della natura fosse l'indicazione morale che la saggia volontà di Dio ci ha dato perché noi la seguissimo, allora non ci sarebbe scampo: anche i batteri posti dalla natura nel nostro intestino cieco e che ci causano malattia e morte sarebbero l'indicazione del volere morale di Dio per noi, noi dovremmo lasciarli agire secondo il loro dinamismo naturale e da ultimo dovremmo consentire che la malattia e la morte da essi causate si compissero in noi. Conclusione, questa, che lo stesso insegnamento della Chiesa rifiuta e condanna. Dunque non tutti i dati di fatto della natura manifestano la volontà morale di Dio per il nostro agire morale, ma solo *i dati di fatto che la natura manifesta come indicazione posta in essa per noi dalla saggia volontà di Dio ci obbligano moralmente.* Qui però sorgono due domande:

a) I dati naturali che ci obbligano moralmente sono posti per noi nella natura dalla saggia volontà creatrice di Dio o dalla saggia volontà legislatrice morale di Dio? O la volontà legislatrice di Dio è creatrice e morale ad un tempo?

b) Quali dati di fatto della natura manifestano la volontà morale di Dio per noi e quali no?

Le risposte che comunemente vengono date a questi interrogativi sono così sintetizzabili:

i) Rifacendosi a Tommaso d'Aquino si dice che l'*ordo naturae* partecipa dell'ordine divino. E l'*ordo naturae* è innanzitutto l'ordine fisicistico, perché la φυσις è la realizzazione di un fine immanente che per essere una necessità effetto della sua causa trascendente è espressione dell'estrinseca volontà morale di Dio. In termini semplici: se Dio avesse voluto che l'uomo – seguendo la natura – si comportasse diversamente, avrebbe creato diversamente anche la natura.

ii) Si afferma poi che la legge eterna è impressa in ogni creatura e la dirige al suo scopo finale. Nell'uomo questa impressione è particolare, in quanto Dio ha dotato l'uomo d'intelletto dove la legge eterna non si manifesta come necessità, ma come libertà. L'uomo nel realizzare la sua essenza razionale realizza il piano provvidenziale e partecipa alla legge eterna. Ma l'uomo non conosce direttamente la legge eterna; la conosce soltanto in quanto partecipata in lui come legge naturale, innata in quanto insita nel suo essere. Quindi la legge naturale è conosciuta da ogni uomo. È indipendente da ogni tempo e da ogni luogo. È indipendente dalle evoluzioni culturali.

IV. Queste risposte purtroppo non sciolgono i quesiti, soprattutto il secondo. In fin dei conti si sostiene – e siamo certamente d'accordo – che è la ragione dell'uomo a discernere quali rapporti presenti nella natura siano meri dati descrittivo biologici e quali abbiano anche una valenza normativa, ossia vadano interpretati come senso e valore. Se l'uomo con la sua facoltà razionale decritta esattamente i rapporti esistenti nella natura, cioè non sbaglia nello stabilire quali siano nudi dati biologici e quali invece siano dotatati anche di senso e finalizzazione morali, allora la ragione umana partecipa della st essa saggezza di Dio creatore della natura e sa che cosa sia in senso morale proprio "secondo natura" o "contro natura".

V. Alla luce del punto IV. si dovrà dunque dire: *giacché per i motivi x, y, z, il comportamento α deve essere considerato moralmente "retto", allora il comportamento α è "secondo natura".* Invece non è logico affermare: giacché β è "secondo natura", β è anche moralmente corretto. In quest'ultimo caso, infatti, "secondo natura" e "moralmente corretto" si identificano, sicché la proposizione sarebbe una tautologia: β poiché è moralmente corretto, allora è moralmente corretto. Costruiamo una situazione fittizia: una setta religiosa afferma: «un uomo maschio non deve tingersi e non deve tagliarsi né la barba né i capelli». Alla nostra domanda sul perché ci si debba comportare in questo modo, riceviamo questa risposta: «la natura, nella sua saggezza, ha predisposto per ognuno di noi un determinato colore dei capelli e della barba e ha immesso in essi un naturale dinamismo di crescita».

La pseudo argomentazione naturalistica

Le affermazioni del tipo: "questo è secondo natura", "quello è contro natura", sono le conclusioni di un ragionamento che, continuando l'esempio fittizio di cui sopra, si tipizza come di seguito.

A. «Alla "natura" dei capelli e della barba appartiene il dinamismo della crescita». Ciò significa:

1) Alla "finalizzazione" dei capelli e della barba appartiene il dinamismo della crescita

2) Al fine immesso dal Creatore dei capelli e della barba appartiene il dinamismo della loro crescita

3) Al fine, stabilito dalla saggezza del Creatore dei capelli e della barba. appartiene il dinamismo della loro crescita

4) All'ordine morale stabilito dal Creatore dei capelli e della barba appartiene il dinamismo della loro crescita

5) Alla volontà moralmente obbligante del Creatore dei capelli e della barba appartiene il dinamismo della loro crescita

Le frasi 1) ... 5) esplicitano il significato di "natura".

La frase B. spiega la frase A.

B. Allora «l'acconciatura senza taglio dei capelli e della barba è secondo natura», ossia

6) l'acconciatura senza taglio dei capelli e della barba è secondo il fine della loro crescita

7) l'acconciatura senza taglio dei capelli e della barba è secondo l'ordine creativo

8) l'acconciatura senza taglio dei capelli e della barba è secondo la saggezza del loro Creatore

9) l'acconciatura senza taglio dei capelli e della barba è secondo l'ordine morale stabilito dal Creatore

10) l'acconciatura senza taglio dei capelli e della barba è secondo la volontà del Creatore

Le frasi 6) ... 10) esprimono il significato di "*secondo* natura" e si identificano tutte con "moralmente corretto".

La frase C. esprime il contrario della frase B. ed è pertanto una semplice esplicitazione

C. Allora «Ogni taglio dei capelli e della barba è contro natura», cioè

11) Ogni taglio dei capelli e della barba è contro il fine della loro crescita

12) Ogni taglio dei capelli e della barba è contro l'ordine creativo

13) Ogni taglio dei capelli e della barba è contro la saggezza del loro Creatore

14) Ogni taglio dei capelli e della barba è contro l'ordine morale stabilito dal Creatore

15) Ogni taglio dei capelli e della barba è contro la volontà del Creatore

Le frasi C., 11) ... 15) si identificano tutte con "moralmente errato".

L'unica proposizione "sintetica" è la proposizione A., cioè se la proposizione A. è vera, la sua verità non emerge soltanto dal significato delle parole che compongono A.

Tutte le altre frasi, sono proposizioni analitiche: le proposizioni B. C. si ricavano per analisi dalla proposizione A.; le proposizioni 1) ... 15) si ricavano analiticamente da A. B. C. Pertanto se la proposizione A. è vera, sono vere anche tutte le altre proposizioni da essa ricavate. Ma proposizione A. è vera? La proposizione A. dovrebbe essere "provata" o "dimostrata. Essa invece, ben lontano dall'essere in qualche modo motivata dalle proposizioni B, C. 1) ... 15), viene da esse soltanto esplicitata.

L'analisi del nostro ipotetico caso ha evidenziato che l'appello alla "natura" per sostenere il "contro natura" del taglio della barba e dei capelli è uno pseudo argomento. Poiché si tratta di un'analisi non del contenuto, ma della struttura formale dell'argomentazione, si deve concludere che anche in tutti gli altri casi in cui si ricorre alla contrapposizione "secondo natura – contro natura" per sostenere la propria posizione, tale contrapposizione è una pseudo argomentazione – e propriamente un circolo vizioso - che "espone" un'affermazione, ma non la prova in alcun modo.

La conclusione in sede etica è dunque abbastanza ovvia: le spiegazioni tradizionali dei divieti morali basate sull'opposizione "secondo natura – contro natura" dal punto di vista logico sono un circolo vizioso, per cui tali spiegazioni non riescono a mostrare una significativa differenza etica tra ciò che viene dichiarato proibito e ciò che viene affermato lecito e diventa indispensabile addurre qualche altro argomento decisivo che sostituisca la pseudo argomentazione "secondo natura – contro natura".

5.
Cercare, Credere e Sperare oggi

Tracce e Residui di un'impostazione abbandonata

27 giugno 2012

Altre tre categorie, oltre a quelle sin qui analizzate, sono oggi infrante: cercare, credere, sperare. Non pochi affermano che viviamo in un'epoca di crisi, dominata dal diffuso scetticismo, dal conseguente relativismo e dall'imperante qualunquismo. Di fatto i nostri contemporanei – si dice - non cercano più nulla che ecceda la soddisfazione di un desiderio immediato, tutt'altro che spirituale; non credono e non sperano che possa esserci una salvezza, magari immanente, ma comunque capace di porsi come orizzonte a cui tendere motivatamente, di assicurare un futuro migliore dell'oggi asfissiante. Ma che cosa significa cercare, credere e sperare? E come si pone il cristianesimo in questo trinomio?

Il vecchio è morto e il nuovo non è ancora nato. Così a molti sembra di poter dire della nostra epoca. Certamente non soltanto è diffusa una certa sfiducia nei confronti di questo o di quest'altro, ma la coscienza individuale e, per così dire, collettiva si è allontanata dal mondo sociale, religioso, politico, naturale e si è posta liberamente per sé. «Liberamente per sé» è un'espressione hegeliana che si può rendere così: per i fatti suoi. Ritirandosi in sé e standosene per i fatti suoi, l'individuo si sente libertà assoluta eguale a se stessa e, al contempo, percepisce che "non è altro che un accidentale arruffio, l'imbroglio di un disordine che sempre si riproduce", come scrive Hegel[102]. Da un lato, infatti, gli uomini di oggi, a causa dello

[102] *Fenomenologia dello Spirito*, traduzione di E. De Negri, 2 voll., La Nuova Italia, Firenze 1973, vol 1 p 172.

scetticismo e del relativismo che li attraversano, sono capaci di illimitata denigrazione di qualunque sforzo serio di cambiare le cose e per loro nulla ha valore; dall'altro, si pongono a se stessi e per se stessi, così che la loro opinione e il loro arbitrio assumono le connotazione di valore assoluto e di incrollabile certezza. nonostante il loro scetticismo. È indispensabile "andare oltre" questa distretta, se si vuole che l'uomo non cada inesorabilmente nei languori e nei dolori dell'infelicità ed invece assuma una relazione positiva con il mondo sociale, religioso, politico, naturale. Andare *jenseits der Dinge* (al di là delle cose) è un percorso personale, non nel senso di un tentativo metafisico, ma come acquisizione della consapevolezza che l'esistenza si proietta nell'identità di cercare, credere e sperare.

Il "disincanto"

U. Beck parla di *Risikogesellschaft*[103] (società del rischio) per indicare che, a suo parere, le società post-industriali e post-ideologiche sono condizioni disumanizzanti.

A mio avviso, invece, si tratta di accettare, come condizione esistenziale, la chiamata dell'individuo a continui cambiamenti prospettici in un contesto "elastico", ossia acconsentire ad un nomadismo non tanto geografico quanto culturale e sentimentale[104]. Si dice da più parti che la precarietà ontologica e l'incertezza semantica[105] siano i presupposti principali che hanno spinto l'individuo a definire la propria idealità nei termini di una personalità orgogliosamente autonoma da qualsiasi norma intrinseca[106]. Di fatto,

---

[103] Cfr. U. Beck, *Risikogesellschaft. Auf dem Weg in eine andere Moderne*, Suhrkamp Verlag, Frankfurt am Main 1986.

[104] Cfr. Z. Bauman, *Life in Fragments. Essays in Postmodern Morality*, Basil Blackwell, Cambridge, MA 1995.

[105] Cfr. S. Fox, *Ontological Uncertainty and Semantic Uncertainty in Global Networks Organizations*, Helsinki School of Economics-Technical Research Center of Finland, VTT Helsinki 2008.

[106] "The intellectual consciousness of modern Europe as commonly delineated and accepted even in our day proclaimed these three ideals: a nature consisting in itself, an autonomous personality of human subject and a culture self-created out of norms intrinsic to its own essence." R. Guardini, *The Essential Guardini. An Anthology*, Liturgy Training Publications, Chicago IL, 1997, pg. 18.

però, la saldezza ontologica e l'assertività semantica sono l'espressione della volontà di potenza come volere che sia così e non altrimenti. Sono l'espressione teoretica della volontà che la natura abbia un ordine con un senso intrinseco, sebbene poi nessuno sappia indicare quale sia questo senso che non si ferma alla semplice datità, né che cosa sia al di là della datità, senza essere un mero strumento, né riuscendo a dirne il significato oltre la strumentalità.

Guardini scrisse che dalla tecnica *il cosmo è visto come un mero spazio in cui gli oggetti possono essere gettati via con una completa indifferenza*[107]; per taluni aspetti di sregolato commercio ed egoistici interessi, si deve concordare con tale affermazione, ma tale indifferenza non si prospetta come un narcotico necessario per la sopravvivenza. Ne è testimonianza l'impegno attivo di molte persone a proteggere e recuperare la natura e il cosmo, rinunciando a soddisfazioni fittizie, subitanee, momentanee. Se da un lato c'è in taluni la presunzione di costruire macchine perfette che non si guastino mai, dall'altro è presente in molti la consapevolezza di non poter ridurre il mondo a puro strumento di un fantasticato potere assoluto dell'uomo. La posizione di Guardini e di altri come lui nasce, a mio avviso, dalla contrapposizione tra *Ding* e *Sache* e dalla preferenza nostalgica del "mistero". Ad essa rispondo che ogni *Ding* è *Sache*, giacché la *Ding* è tale solo in astrazione dell'autocoscienza che l'afferma e che il "mistero" o la "ulteriorità", se è tale, non può diventare "oggetto", cioè discorso o conoscenza.

Guardare le cose con disincanto può voler dire rinuncia ad alludere al "mistero" e senz'altro significa accettare che alla conoscenza umana sia preclusa l'oggettivazione di esso.

La scelta del disincanto non dice pura pigrizia mentale e non scalfisce la necessità di libertà e di idealità che caratterizzano l'azione

[107] "Le menti tecnologiche vedono la natura come un ordine insensato, come un corpo freddo di fatti, come un semplice dato, come un oggetto di utilità, come una materia rozza da modellare in una forma utile; allo stesso modo, il cosmo è visto come un mero spazio in cui gli oggetti possono essere gettati via con una completa indifferenza": R. Guardini, *The Essential Guardini. An Anthology*, Liturgy Training Publications, Chicago IL, 1997, pg. 17 (traduzione nostra).

umana[108] e la contraddistinguono radicalmente dall'agire degli altri esseri viventi[109]. Al contrario il disincanto consente di considerare seriamente sia le condizioni soggettive interne ed esterne, sia il contesto culturale, sociale, economico dell'agente, sia la posta in gioco per sé e per gli altri di una determinata azione. Pare a chi scrive che la precarietà ontologica e l'incertezza semantica diano finalmente reale spessore a tutti gli elementi che secondo la *Scholastica* qualificano l'azione umana: l'agire in senso stretto (ad esempio "uccidere"), l'intenzione dell'agente e il fine intento che raramente sono adeguatamente distinti (ad esempio "difendersi" per "salvare la propria vita"), le circostanze in cui si agisce (ad esempio manca chi mi aiuti a difendermi, sono più debole di chi mi minaccia, ho una pistola, non sono un tiratore scelto).

Ombre e pericoli del disincanto

Anche il disincanto filosofico ha le sue ombre e i suoi pericoli[110].

Il flusso incessante di impulsi e di informazioni, nell'odierno contesto di sovrabbondanza dei mezzi di trasmissione, può provocare anche un senso di smarrimento che influisce sulla personale formazione delle idee e dei concetti, oscurando i tradizionali canali di socializzazione e modificando alla radice l'identità collettiva. Vi è il rischio di lasciarsi sedurre dagli allettamenti di un nuovo Leviatano o

[108] "The particular form that an individual human action takes is determined by factors that include those making up the specific environmental conditions as well as those that have shaped the character and values of the actor. The conception of sciences of human action recognizes that the form of action as it unfolds in its historical reality is the result of influences that range from the physiological to the religious, the social to the geographical." I. M. Kirzner, *The Economic Point of View. An Essay in the History of Economic Thought*, Sheed & Ward, Kansas City 1960, pg. 149.

[109] Cfr. H. Plessner, *Gesammelte Schriften*. Bd. V: *Macht und menschliche Natur*, Suhrkamp, Frankfurt am Main 1981, pg. 135-234.

[110] Il fatto che io metta in rilievo alcuni rischi derivanti dal rifiuto della metafisica e del realismo gnoseologico, non implica che perciò stesso propenda per una costruzione metafisica - ontologica e per la gnoseologia realista o che intenda restare nell'impossibile ed impraticabile neutralità. Il lungo percorso filosofico attraverso cui sono giunto a ritenere teoreticamente insostenibili la metafisica - ontologia e la gnoseologia realista e a rifiutarle sul piano della prassi mi fa dire che il relativismo è altrettanto indifendibile dal punto di vista teoretico e pratico. Di qui la mia posizione di realista critico problematico.

Apparato, come dice E. Severino[111], che, prospettando come a portata di mano successi, ricchezze, appagamenti, potere, ed organizzando abili campagne su nuovi "doveri", nuovi "diritti" e nuove "necessità", irretisce la capacità critica e si sostituisce non soltanto alla ragione individuale ma perfino alla libertà. Come già scrissi altre volte, il *confluire spasmodico* e massivo nelle "*entertainment zone*", il *bisogno di confondersi* nelle manifestazioni rumorose e piuttosto corrive della moltitudine (sportive, festaiole, consumistiche), l'*ostentazione pomposa* di acconciature, abiti, tatuaggi, orecchini, iphone di ultima generazione, l'*idolatria* delle proprie opinioni, sono ben lontano dalla sfera delle "scelte" ed appaiono piuttosto come un "*must*" definito dalla "comunicazione di massa" asservita o prezzolata ed abilmente orchestrata da forti interessi commerciali e politici.

La fluidità dirompente di stimoli e messaggi tra loro non solo diversi, ma opposti, può indurre, inoltre, al rifiuto *tout court* di ogni legame storico e di ogni rapporto con i luoghi, non soltanto geograficamente intesi, nonché a porre "*il trionfo del disimpegno e l'arte della fuga come condizioni esistenziali e misura del successo.*"[112] Quando qualsiasi relazione sociale viene meno e le regole basilari della convivenza civile diventano incerte, per sopravvivere è necessaria la deresponsabilizzazione. Segno evidente di questo aspetto è il persistente stato di infantilismo degli adulti[113], un prodotto sopraffino della società liquida e della già menzionata orchestrazione mediatica dei poteri forti, che si traduce, a mio avviso, in tre atteggiamenti di fondo. Innanzitutto gli adulti stessi considerano il capriccio, la stravaganza e la frivolezza come necessità

[111] Severino ha usato il vocabolo «Apparato» per indicare l'integrazione tra tutti i campi del sapere in nome della scienza e della tecnologia. cfr. Emanuele Severino, *La tendenza fondamentale del nostro tempo*, Adelphi, Milano 1988, p. 40 et passim.

[112] L. Demichelis, "*La nostra vita è una giostra*", TTL-La Stampa (21.11.2003) p. 4.

[113] "Oggi, il mito del giovanilismo diffuso appiattisce le differenze verso il basso. Assistiamo, com'è stato scritto, ad una infantilizzazione degli adulti a una adultizzazione dei bambini. E questo, per ricondurre il tutto agli esiti, genera "maleducazione". Non avere la consapevolezza dell'età che si ha è una diffusissima cattiva maniera", Agata Gambardella Piromallo intervistata da Natascia Festa in *Corriere del Mezzogiorno*, 2 agosto 2008, p. 19 (Cultura).

improcrastinabili e degne di essere perseguite ad ogni costo. In secondo luogo, la disaffezione degli adulti ai processi educativi fa sì che i bambini e le bambine, i ragazzi e le ragazze crescano senza espandere la fantasia e secondo una linea di sviluppo unilaterale o unidimensionale dettata dalla "violenza" delle mutevoli proiezioni computerizzate (con la sua indubbia influenza nel subconscio), dalle espressioni ed esperienze televisive nonché dalla parcellizzazione familiare[114].

Infine la gente adulta appare vittima di un'orgogliosa *Selbstaneignung* (auto-appropriazione) cieca, aneidetica e "felicemente" – si fa per dire - alla deriva, che contraddittoriamente la schiaccia sotto la fragilità della condizione umana. Di qui l'ambiguità e l'infruttuosità dei tentativi di soluzione: il mondo adulto da un lato si ripiega in modo ossessivo su questioni particolari e limitate, dall'altro vive lo sradicamento e cerca l'evasione; per un verso enfatizza la memoria, per un altro non ha alcun sentimento dell'appartenenza[115]. Questo ed altro ancóra fanno dire ad alcuni che, se non si torna alla radice dell'umano[116], con perseveranza e coraggio, si è condannati ad un vago peregrinare vivendo alla giornata e appigliandosi ai giorni e alle ore disordinatamente.

Non posso negare che la precarietà ontologica e l'incertezza semantica comportino il rischio di accrescere nella società la mancanza di interesse e di preoccupazione, ossia di compiere il primo ed inesorabile passo verso forme acute di egoismo e avidità[117] e, al limite,

---

[114] Cfr. N. Postman, *The Disappearance of the Childhood*, Vintage Books, New York 1994.

[115] Cfr E. Biser, *Keine Angst, glaube nur. Das Eugen-Biser-Lesenbuch* (Eingeleitet und herausgegeben von M. Albus), Guetersoher Verlagshaus, Guetersloh, 2008, pg. 52.

[116] In principio c'è l'annuncio della salvezza, della misericordia e della giustizia. Siamo grati al Santo Padre per avere incentrato la sua Esortazione sull'essenziale." G. Crepaldi, *La "Evangelii Gaudium" di Papa Francesco e la Dottrina sociale della Chiesa*, www.zenit.org 02-12-2013.

[117] "Obstacle to serving the common good come in many forms – lack of rule of law, corruption, tendencies towards greed, poor stewardship of resources – but the most significant for a business leader on a personal level is leading a "divided" life. The split between faith and daily business practice can lead to imbalances and misplaced devotion to worldly success. The alternative path of faith-based "servant leadership" provides business leaders with a larger perspective and helps to balance the demands of the business world with those of ethical social principles, illuminated for Christians by the Gospel." Pontifical Council for Justice and Peace, *Vocation of the Business Leader. A Reflection*, Vatican Press, Vatican City 2012, pg. 2.

verso la distruzione della libertà e della pace. Sembra anche a me che la civiltà (occidentale) non abbia affatto il timore di *auto-disintegrarsi* con le sue stesse armi, cantando allegramente la sua fine. Ma sono rischi da correre. L'alternativa è l'affermazione dell'ontologia e della verità semantica, con integralismo ideologico e totalitarismo politico ad essi connessi[118].

Fede e verità

Il tema dominante è quello della verità considerata in rapporto alla questione della salvezza dell'umanità[119].

La verità non può essere di meno della incontrovertibilità, ossia lo svelarsi di un contenuto capace di imporsi sulla propria negazione. Questo contenuto è necessariamente nient'altro che il Tutto. All'uomo tuttavia il Tutto si mostra soltanto nella sua universalità ideale.

Essere "nella fede" significa tenere fermo come "vero" un contenuto al quale l'intelletto aderisce perché ritenuto rispondente alle esigenze della natura umana. Accade allora che a ciò che è di per sé negabile (perché incapace di imporsi per se stesso), la fede

---

[118] La connessione tra ontologia, realismo semantico esasperato, integralismo ideologico e totalitarismo politico merita di essere approfondita. Si veda ad esempio L. Bianchini, *Totalitarismo e Metafisica*, OCD, Roma 2004. C. Vigna – P. Bettineschi (a cura di), *Metafisica e Violenza*, *Atti del convegno di Gallarate 21-23 settembre 2005*, Vita e Pensiero, Milano 2008; T. Perlini ha ravvisato la tesi portante dei *Minima Moralia* di T.W. Adorno nella proposizione "la metafisica è totalitarismo" (cfr. T. Perlini, *Che cosa ha veramente detto Adorno*, Astrolabio Ubaldini, Roma 1978).

[119] Per l'impostazione di questa riflessione sono in gran parte debitore alla speculazione di E. Severino, pur non condividendone esiti e risvolti. Di Emanuele Severino si vedano, ad esempio, *Note sul problematicismo italiano*, La Scuola, Brescia, 1950; *La struttura originaria* La Scuola, Brescia 1957, Adelphi, Milano, 1981; *Studi di filosofia della prassi* (1962), Adelphi, Milano, 1984; *Essenza del nichilismo*, Adelphi, Milano, 1972; *Gli abitatori del tempo*, Rizzoli, Roma, 1978; *Legge e caso*, Adelphi, Milano, 1979; *Techne. Le radici della violenza*, Milano, 1979; *Destino della necessità*, Adelphi, Milano, 1980; *A Cesare e a Dio*, Adelphi, Milano, 1983 *La strada*, Milano, 1983; *Il parricidio mancato*, Milano, 1985; *Il giogo*, Milano, 1989; *La filosofia futura*, Rizzoli, Milano, 1989; *Alle origini della ragione: Eschilo*, Milano, 1989; *Il nulla e la poesia. Alla fine dell'età della tecnica: Leopardi*, Rizzoli, Milano, 1990; *Oltre il linguaggio*, Adelphi, Milano, 1992; *Tautotes*, Adelphi, Milano, 1995.

attribuisca le determinazioni formali della verità: l'indubitabilità, l'innegabilità.

"Verità" - "non verità" sono due termini tra loro contraddittori e sono tra loro contraddittorie le proposizioni "essere nella verità" e "non essere nella verità", ma le proposizioni "essere nella verità" e "essere nella non verità" sono proposizioni tra loro contrarie. Infatti "essere nella non verità" non equivale ad essere nella falsità, potendo equivalere ad essere nel problema.

Se dunque la "verità" è l'evidenza del non controvertibile e se tutto ciò che non è evidenza incontrovertibile è per sua natura controvertibile e quindi è "non verità" – tra l'incontrovertibile e il controvertibile non c'è infatti alcun medio – allora essere "nella fede" (comunque la fede si determini) significa essere nella "non verità".

Tuttavia «essere nella non verità» non coincide ipso facto con «non essere» nella verità. «Essere nella non verità» vuol dire trovarsi nel problema, ossia nel non sapere se ad un certo asserto competa o non competa l'incontrovertibilità; «non essere» nella verità significa essere nella falsità ovvero in ciò che è manifestamente controvertibile.

Essere nella fede non equivale né ad avere fede né ad essere nel problema.

L'uomo si trova sempre "nella contraddizione" perché a lui appare la nozione del tutto, ma il tutto non appare nella esaustiva ricchezza delle sue determinazioni.

Non essendo onniscienza, il sapere originario della verità ha poi a che fare con dei contenuti che si presentano come un "problema". Essere nel problema significa non sapere se accordare o meno lo statuto veritativo ad un contenuto finito. Poiché rispetto al problema ci si trova sempre a dovere in qualche modo decidere, la verità si trova sempre "praticamente" impegnata, fermo restando che, quale che sia il modo in cui si prende posizione rispetto ad esso, si è sempre "nella fede" e quindi nella "non verità".

Avere fede è l'adesione a un determinato contenuto, di per sé non evidente, come se fosse ciò che fa uscire la verità dalla finitezza in cui si trova, liberandola dalla contraddizione, per quanto al finito sia possibile uscire dalla contraddizione. La fede è tale nella misura in cui attribuisce ai contenuti che sono "non apparenti" i tratti della verità: di ciò che è controvertibile, dice che è l'assolutamente non controvertibile.

Secondo la definizione che ne dà l'autore della Lettera agli Ebrei, la fede è "l'argomento delle cose che non appaiono". Nella Lettera ai Romani san Paolo dice però che la fede viene dall'ascolto della parola di Cristo. Ora il messaggio, in quanto ascoltato, è qualcosa che appare. Ebbene, in che senso si dice che i contenuti della fede "non appaiono"? Che cosa "non appare" in quel messaggio? A non apparire, ed è Tommaso d'Aquino a notarlo, è l'evidenza del suo contenuto; ciò significa, se proviamo a spingere fino in fondo il discorso di Tommaso, che quel contenuto è controvertibile: lo si può negare senza contraddizione. In effetti, se così non fosse, l'oggetto della fede (ad esempio la divinità di Cristo) sarebbe qualcosa di deducibile dall'esercizio della pura ragione.

Tuttavia, poiché al contenuto di fede manca l'evidenza, c'è anche la possibilità che proprio l'aver fede in quel contenuto sia ciò che, anziché guidare l'uomo al dispiegamento pieno della verità, lo chiude per sempre nell'approfondimento della situazione contraddittoria in cui è costitutivamente posto.

L'uomo, inteso come l'apparire della verità, è anche principio di prassi quale via che può condurre alla salvezza della verità. Protagonista di tale azione non è il "credente" come punto di vista diverso dalla verità (ogni sguardo che sia altro dalla verità è sguardo non veritativo), ma è la stessa struttura originaria della verità, la quale, dovendo comunque decidere, è essenzialmente legata al credere, anche se non ad una fede particolare qual è la fede cristiana. Ma la prassi, poiché implica la fede nel "divenir altro" delle cose, appartiene all'alienazione della verità, sicché nessuna decisione può condurre alla salvezza. La conclusione è che, per la salvezza della verità contrastata dall'errore, si richiede il tramonto della "prassi" e quindi della fede, tramonto che non è affidato a una libera volontà, ma è quella necessità per cui l'uomo è destinato alla manifestazione concreta del Tutto.

VERITÀ: A = A	NON VERITÀ: A è ¬ A

Questa rappresentazione del rapporto vero - falso corrisponde ad un concetto assoluto di Verità - Falsità, ricalcato sull'opposizione parmenidea di essere e non-essere. Tuttavia esso non corrisponde all'esperienza dell'uomo. Consideriamo l'asserto |p|; in quanto non è evidente che |p| sia incontrovertibile, esso non è incluso nell'area VERITÀ, per cui, sulla base della concettualizzazione astratta di cui sopra, esso ricade nell'area NON-VERITÀ. Tuttavia non è evidente neppure che |p| sia autocontraddittorio, cosicché |p| non può essere incluso nell'insieme NON-VERITÀ. |p| risulta invece indecidibile, nel senso che, mancando l'evidenza della sua incontrovertibilità e della sua autocontraddittorietà, rimane problematica la sua appartenenza al VERO o al FALSO. |p| dunque afferisce al PROBLEMA ossia, se all'asserto |p| competa la incontrovertibilità o la contraddittorietà, è un {PROBLEMA}. $p \in V$ se p è incontrovertibile; $p \in F$ se a è autocontraddittorio; $p \notin V$ se p non è incontrovertibile; $p \in P$ se p non è incontrovertibile e non è autocontraddittorio.

VERO A = A ; A ¬ ¬ A	FALSO A = ¬ A
PROBLEMA A = A ?; A ¬ ¬ A ?; A = ¬ A ?	

Giova tuttavia ricordare che si può essere nella problematicità e/o nella falsità soltanto dal punto di vista dell'essere nella verità, sicché, escludendo l'opzione perversa di persistere consapevolmente nella falsità, "non essere nella verità" è figura soltanto speculativa all'essere nella verità, senza corrispettivo nell'area della decisione concreta.

Il soggetto che attribuisce la connotazione dell'incontrovertibilità all'asserto problematico |p|, sceglie |p|, appartenente all'insieme {PROBLEMA}, e lo trasferisce all'insieme {VERITÀ}.

L'atto di scegliere e trasferire |p| si conviene di chiamarlo "atto di fede" e si configura come "avere fede", in quanto attribuisce a |p| la caratteristica dell'incontrovertibilità che in sé non evidenzia.

L'atto di scegliere |p|. in quanto ritengo che al momento sia l'atto migliore che possa compiere *hic et nunc* per uscire dall'impraticabilità di vivere nel problema, senza tuttavia che io attribuisca a |p| la connotazione della incontrovertibilità, è un "atto di speranza" e si configura come "essere nella fede".

Sperare e credere

A questo punto appare sterile, ancorché pienamente valida dal punto di vista logico, la contrapposizione tra verità formale o evidenza incontrovertibile e non verità formale o autocontraddittorietà. L'uomo, pur possedendo la forma della verità (e dunque della non verità), di fatto non possiede la verità, ma soltanto un adeguamento prospettico ad essa. Questo adeguamento è ottenuto dal soggetto alla luce della forma veritativa, ma non è al di fuori della problematicità e si configura come ricerca.

Per "avere fede" devo dunque compiere un duplice atto ("atto di speranza" e "atto di fede") in un solo movimento: con un solo movimento, quello di "credere", pongo l'asserto |a| nell'insieme

{VERITÀ} e spero che sia la strada per uscire dalla situazione contraddittoria in cui vivo.

Il soggetto che sceglie – e non può non scegliere - la strada problematica |a| per uscire dalla posizione contraddittoria, senza però attribuirle la connotazione della verità, compie tale scelta "sperando" – a ragion veduta – che tale strada lo liberi dalla contraddittorietà in cui è posto o almeno non la incrementi, ma piuttosto la riduca. Ebbene tale atto di speranza significa essere nella fede senza avere fede: non ha la fede, in quanto non pensa che tale via lo libererà senz'altro dalla contraddittorietà ovvero che scegliere l'asserto |a| equivalga ad essere nella verità; tuttavia è nella fede della possibilità di ciò.

A questo punto è indispensabile chiarire il rapporto tra sperare ed avere fede. Parrebbe infatti che l'atto di sperare, nei termini qui usati, non sia compossibile con l'avere fede.

Il soggetto che ha fede – si è detto – attribuisce il carattere di verità a ciò che, dal punto di vista veritativo, è problematico e, come tale, contraddistinto dalla mera possibilità di essere vero. Il soggetto che spera conserva invece all'oggetto della speranza la caratteristica della possibilità in rapporto alla verità e pertanto è nella fede. Posso semplificare il discorso in questi termini: chi spera, attende la conferma o la smentita; chi ha fede, no. La conferma o la smentita, in rapporto alla situazione esistenziale e non puramente esistentiva di essere nella contraddizione, è posta all'infinito o, detto altrimenti, alla scomparsa della situazione stessa. Ne consegue che lo stesso sperare deve essere continuamente rinnovato sino al chiudersi dell'esistenza. Chi ha fede ha innanzitutto la fede che si deve avere fede. Ciò significa: è vero che si deve avere fede. La proposizione |α|è vero che si deve avere fede| è una proposizione problematica dal punto di vista veritativo, essendo incontraddittorie le proposizioni |β| "non è vero che si deve avere fede" e |γ| "è vero che non si deve avere fede". |β| attribuisce la proposizione "si deve avere fede" all'area della non verità; |γ| attribuisce la proposizione “non si deve avere fede” all’area della verità. Entrambe le attribuzioni vengono compiute dal punto di vista formale della verità.

Pertanto le proposizioni |α|, |β|, |γ| hanno la loro condizione di possibilità nell’atto di speranza del soggetto: spero/credo/ritengo/mi sembra che |α| sia vero che si deve avere fede, oppure |β| “non sia vero che si deve avere fede”, oppure |γ| “sia vero che non si deve avere fede”. Si potrebbe anche dire che il soggetto può avere fede soltanto essendo nella fede. Del resto gli sono precluse tutte le altre vie: essere nella non verità è impossibile perché assurdo; essere nella verità è impossibile perché coinciderebbe con la verità stessa; essere nella problematicità è impossibile perché esistere è necessariamente scegliere. È vero che si deve amare? O è vero che non si deve amare? Oppure è vero che si deve odiare? Decidere di non amare non coincide per ciò stesso con odiare. Tuttavia è una decisione, non un’evidenza che non si debba amare. Questa decisione, in quanto compiuta consapevolmente, significa: mi sembra preferibile non amare che amare o odiare, perché amare può aprire la porta alla delusione ed odiare è troppo faticoso, ecc. Alla base c’è dunque la speranza che, decidendo di non amare, si potrà evitare la delusione, la fatica, ecc. Essere nella fede è sperare ed avere fede è ritenere che quanto sperato sia proprio così come si offre nella speranza.

Credere e cercare

L’atto di fede-speranza, in quanto sorretto dalla ragione, si coniuga sempre con l’atto di cercare. Fin dall’antichità è stato sottolineato il rapporto della fede religiosa con la ricerca intellettuale. Noi ampliamo il significato del termine “fede” nel senso sin qui indicato di impossibilità di non scegliere un’opzione nella speranza che essa riduca la situazione contraddittoria in cui esistiamo.

Tertulliano nel "*De carne Christi*" scrive: «*Crucifixus est Dei Filius, non pudet, quia pudendum est; et mortuus est Dei Filius, prorsus credibile est, quia ineptum est; et sepultus resurrexit, certum est, quia impossibile.* (Il Figlio di Dio è stato crocefisso, non c'è da provare vergogna, in quanto è cosa vergognosa; e il Figlio di Dio è morto, ciò è assolutamente credibile, in quanto è cosa sconveniente; e, una volta sepolto, è risorto, questo è cosa certa, proprio perché è impossibile. 5,4)». Si tratta non dell'assurdo, ma del paradosso cristiano. Un paradosso, dal greco παρά (contro) e δόξα (opinione), è, come si sa, l'affermazione di un fatto che contraddice l'opinione comune o l'esperienza quotidiana, riuscendo perciò sorprendente, straordinaria o bizzarra. In realtà restano valide le celebri formule attestate anche da sant'Agostino: *fides quaerens intellectum* e *intellectus quaerens fidem* o anche *intelligo ut credam* e *credo ut intelligam*. Da un lato cioè la fede cerca l'intelligenza, non può non rendere ragione di ciò che crede, non può non cercare nella ragione una conferma di sé; dall'altro la ragione ha bisogno della fede perché, senza la fede, la realtà resterebbe un enigma al limite dell'assurdo.

Schematicamente: La razionalità pura non è autosufficiente rispetto alla situazione epistemica in cui l'uomo è posto. Chi volesse restare nel puro punto di vista della verità, la incontrovertibilità, sarebbe chiuso nella torre del principio di identità /non contraddizione, non incrementerebbe la conoscenza e soprattutto non potrebbe esistere. Amo o non amo? Questo è il problema. Ma non è incontrovertibile né che debba amare né che debba non amare. Eppure se amo escludo l'opzione di non amare; se non amo escludo l'opzione di amare. Anche un'impraticabile terza via, quella dell'apatia, si esibisce come una scelta, quella che esclude di amare ed esclude il contraddittorio di amare, collocandosi con ciò stesso nel contrario.

L'insufficienza della ragione veritativa da sola, si converte in una scelta, anche inconsapevole oppure obtorto collo, in funzione dell'alternativa che, ad una seria ricerca, sembra la migliore. In altri termini, la ragione veritativa, non essendo sufficiente all'esistenza del soggetto, necessariamente si muove nella ricerca della strada che promette di sciogliere la contraddittorietà della posizione umana nella realtà. Promette, ma non è affatto evidente che la promessa sarà onorata. Come ha scritto Wittgenstein «La soluzione del problema della vita si scorge allo sparire di esso»[120]. Fino ad allora, cioè fino al termine dell'esistenza, l'uomo è nella fede e cerca incessantemente, con la luce della ragione, la via che lo conduca alla verità e le ragioni che lo conducono ad una scelta pratica, se non teoretica. In fin dei conti chi crede non azzera la ragione, anzi la valorizza fino in fondo, cercando il più possibile di rendersi "ragione della propria fede", senza poterla però "dimostrare"

Il caso particolare della fede religiosa cristiana

Su questo tema dichiaro subito il mio debito verso Kierkegaard, pensatore complesso, scrittore fecondo e multiforme, animo profondo e tormentato, che del rapporto tra fede e ragione ha fatto uno dei punti cruciali della sua speculazione. Il rapporto tra fede e ragione è paradossale in quanto si configura come un comprendere che non si può e non si deve comprendere. La ragione comprende, dunque, anche se comprende che l'oggetto della fede è incomprensibile. La ragione introduce ed accompagna alla decisione libera della fede. Essa riconosce con chiarezza i propri limiti e capisce di dover lasciare il passo a qualcosa che la supera, ovvero alla fede che, sola, è in grado di rispondere all'enigma della condizione umana. In fin dei conti la dicotomia, d'ascendenza parmenidea, tra verità e non verità è un panlogismo, l'elevazione della ragione ad assoluto. Il

[120] *Tractatus logico-philosophicus* pr. 5.521

rapporto tra ragione e fede non è fondato sull'evidenza, né sulla deduzione, né sulla matematica. Piuttosto la ragione svolge un ruolo ermeneutico riflessivo; si tratta della riflessione ermeneutica che non sacrifica l'esistenza alla scienza, ma tiene inseparabilmente uniti il pensare e l'esistere, il soggettivo e l'oggettivo, la passione interiore e il sapere. Come soleva affermare Luigi Pareyson il cristianesimo, presentandosi come una fede e sottraendosi al dominio della verità tanto sperimentale che parmenidea, è una questione non speculativa, ma esistenziale, che è in rapporto serrato non solo col pensiero, ma col pensiero congiunto con l'esistenza, e che pertanto si esibisce non nella calma e imperturbata armonia della speculazione, ma nell'inquieta e drammatica realtà dell'esistenza. Il cristianesimo non deve essere minimamente confuso con una dottrina speculativa, né è possibile dare di esso una dimostrazione di carattere filosofico: la fede è qualcosa che va ben al di là delle argomentazioni razionali e delle giustificazioni intellettuali, e l'uso della ragione in senso speculativo hegeliano o in senso parmenideo – severiniano, è certamente in opposizione al cristianesimo. In altre parole, la fede religiosa non è contro la ragione tout court, ma contro l'assolutizzazione astratta di essa che risale a Parmenide e contro la tragicomica caricatura che della ragione ha fatto Hegel. La ricerca insonne del senso e dei perché della fede cristiana preserva dal rischio di ridurre la fede a religiosità esteriore, fredda, priva di ogni carica paradossale e drammatica e pertanto incapace di scuotere e di provocare l'uomo. Il nesso ragione – fede è il baluardo di un'autentica soggettività dell'uomo, del tutto diversa dal soggettivismo hegeliano: soltanto la sinergia tra ragione e fede religiosa vede che ogni uomo si costituisce nel rapporto concreto con Dio e con Cristo, e che nell'unicità di tale rapporto la sua singolarità viene autenticamente esaltata.

La storia del pensiero moderno ci insegna che l'enfatizzazione della ragione, tutta protesa, a partire da Cartesio, a sottolineare il valore del soggetto, in definitiva lo ha annullato, come testimonia il sistema hegeliano nel quale non v'è alcuno spazio per la singolarità e tutto viene risucchiato all'interno di un Assoluto onnivoro e spersonalizzante.

Analogamente l'odierna cultura dominante, che coltiva la contrapposizione tra ragione e fede, mentre tipizza i comportamenti soggettivi e pubblicizza quelli inusuali come rivendicazione della libertà individuale, di fatto fagocita il soggetto nella corrività della moltitudine di singoli isolati da manovrare per ben orchestrati interessi economici e politici e nel dondolio narcotizzante del fascino segreto del nulla.

Invece l'unione di ricerca razionale e fede speranzosa vive dello scandalo e in esso si rafforza. Lo scandalo, come si sa, è l'ostacolo che fa inciampare. Che cosa fa inciampare la speranza fiduciosa? L'urto di categorie opposte nella coscienza. Ad esempio, la ragione vede che i disonesti trionfano, ma la fede dice che soltanto il giusto sarà salvo. Lo scandalo è l'urto della ragione contro il mistero, la fede è la scelta di credere che il mistero è salvezza. Lo scandalo della fede non umilia la ragione, ma la presuppone, affinché scandalo e paradosso cristiani possano essere riconosciuti come tali, e non come mera irrazionalità. La fede afferma che Cristo è la verità e la via che salva; la ragione può far desistere l'individuo dall'assumersi la responsabilità della concreta adesione a Cristo oppure aiutarlo a comprendere la fragilità e la contraddittorietà della sua situazione e spingerlo verso la scelta del Vangelo. L'atto di adesione concreta spetta in definitiva alla libertà del soggetto che, sorretta dalle ragioni a lei presentate dalla ragione, si assume la responsabilità di saldare in unità il messaggio cristiano e l'essere posto nella contraddizione proprio dell'uomo. Mi piace concludere questo paragrafo con un'espressione di R. Kearney, che, sebbene si muova in un altro orizzonte di pensiero, tuttavia rifiuta ogni discorso categorico, apofatico o catafatico che sia, sull'assoluto perché l'assoluto non può mai venire «compreso» dalla ragione umana: «la fede non è semplicemente l'arte dell'impossibile, bensì un'arte ermeneutica interminabile[121]»

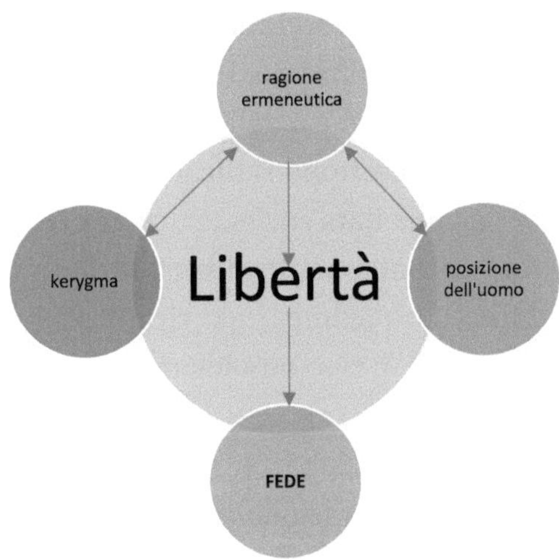

Fede e Disincanto

Per concludere, mi riferisco in modo schematico ad alcuni autori contemporanei, che permettono di focalizzare i guadagni dell'impostazione seguita, soprattutto in relazione al rapporto tra fede cristiana e disincanto

1. Fede e Società

Nell'età del disincanto occorre riprendere da capo il problema concernente lo statuto di un'interrogazione sulla trascendenza per la pluralità civile e la singolarità di ciascuno. Il disincanto, infatti, ha posto fine al riconoscimento «ingenuo» del trascendente, e la fede religiosa è un'opzione possibile in rapporto ad altre differenti. Eppure l'ineludibilità di essere nella fede pone alla ragione l'esigenza di incalzare una cultura che tende ad accomodarsi nella cornice

[121] R. KEARNEY, *Ana-teismo. Tornare a Dio dopo Dio*, Fazi Editore, Roma 2012, 18.

dell'immanenza. Si tratta di tenere aperto il dibattito sulla condizione epistemica dell'uomo e tematizzare la dimensione che in essa è irriducibile, ossia l'essere-nella-fede, rimodulandone sempre la comprensione mediante l'approfondimento di ciò che vi si dispiega, l'ascolto di ciò che vi si è cristallizzato, il ripensamento di quello che è in gioco in vista o della conferma o dell'abbandono.[122] È insomma la questione dell'«eccesso»; questione radicale, poiché tocca i modi di accadere dell'umano che una data società consente e dispone, purché non lo si intenda come un fondamento diretto, legato ad una necessità di tipo logico-metafisico, o come una ricapitolazione estensiva, associata ad un'universalità di tipo omologante-totalitario.

2. Fede e Prassi.

Anche nell'epoca della razionalità scientifica è la fede a realizzare una prassi di superamento, o più precisamente di padroneggiamento, della contingenza. La fede supera la contingenza della problematicità, senza tuttavia eliminarne lo statuto epistemologico problematico, in particolare attraverso la scelta pratica. Si può anche dire che la scelta nella fede dell'azione, superando la situazione problematica della ragione assoluta, integra nel senso dell'azione ciò che razionalmente non possiamo controllare. Questa prassi di superamento della contingenza problematica nel senso dell'azione, è il riconoscimento dell'ulteriorità o della trascendenza. La necessità dell'essere nella fede o dell'avere fede, anche nell'epoca della ragione scientifica, attesta che esiste un limite alla trasformazione della casualità del reale in una sistemazione cognitiva: la pretesa rimozione di tale limite ha decretato il fallimento delle utopie scientifiche e politiche della Modernità, mentre il suo riconoscimento motiva la vitalità odierna della religione, la quale serve alla vita effettiva appunto poiché alimenta la fiducia che sia

[122] Cfr. P. GISEL, *Che cos'è una religione?*, Queriniana, Brescia 2011, 119

possibile conferire senso a ciò che sotto il mero profilo del sapere logico-empirico invece non ne possiede[123].

3. Fede ed Antropologia

Avere fede è un investimento umano sull'invisibile. L'esperienza religiosa si radica L'insuperabilità dell'essere nella contraddizione e della inevitabilità di scegliere nella fede sono dimensioni costitutive la realtà dell'uomo, in quanto essere che è in se stesso orientato verso l'invisibilità e reclamato dall'alterità e però circoscritto dal finito. Non si tratta qui in prima battuta dell'effetto della ricerca causale, che impegnerebbe la ragione a risalire verso le cause metafisiche al di là delle cause visibili; si tratta piuttosto di un dato della coscienza umana, testimonianza che il pensiero si proietta oltre quello che gli è accessibile e si rapporta a sé scoprendo che può disporre di se stesso in vista di qualcosa di diverso da sé[124]. L'uomo rinvia all'«assoluto», termine con cui si intende designare l'irriducibile e l'intransigibile che si lascia presagire nell'esperienza con la verità, con gli altri, con i valori. Gauchet vorrebbe che tale assoluto fosse l'assoluto terreno per se stesso; il che consentirebbe di eliminare l'alternativa tra l'incondizionato divino e la relatività umana. Dimentica che il materialismo tanto marxista, che nietzschiano che biologistico ha confutato la legittimità di ogni assoluto terreno, mostrando che esso è radicalmente illusorio, e indicando poi nell'infrastruttura, nell'inconscio o nei geni ciò che prende il posto del fondamento ultimo un tempo identificato con Dio. Orbene, visto che le spiegazioni materialistiche sono insoddisfacenti e che non è eludibile l'affidamento all'assolutezza, diventa inevitabile ricorrere alla categoria del «divino» per dare espressione a quel rimano necessario al trascendente e all'irriducibile, insito nella ricerca epistemica e nell'esperienza esistenziale[125].

---

[123] Cfr. H. LÜBBE, *La religione dopo l'Illuminismo*, Morcelliana, Brescia 2010.
[124] Cfr. L. FERRY - M. GAUCHET, *Il religioso dopo la religione*, Ipermedium libri, Napoli 2005, 48.
[125] Cfr. L. FERRY - M. GAUCHET, *Il religioso dopo la religione*, Ipermedium libri, Napoli 2005, 87

4 Fede e Diversità.

Riprendendo il già citato Kearney, la fede intesa come ermeneutica e decisione, salva l'altro in quanto diverso da me. La fede su basi ermeneutiche si compie in un atto di decisione che dà credito all'assoluto come l'estraneo, ciò che non è omogeneo né omologabile a noi anche in qualche modo è presente a noi. Questo Estraneo entra obbligatoriamente in gioco nella scelta da compiere per uscire dal problema, sicché le vie che si percorrono per esistere sono una sua epifania velata, al modo di una promessa in cui tramite la fede l'individuo e l'Estraneo si riconoscono reciprocamente. È così che la fede costituisce un potenziale antidoto rispetto alla tentazione di prendere il divino letteralmente, come qualcosa che si possa contenere o possedere. La fede come decisione ermeneutica non è pensiero debole né disimpegno pratico. L'affidamento ad una promessa ermeneuticamente saggiata, «è al tempo stesso dinamica e attenta, muovendosi coraggiosamente tra l'impegno a costruire ciò che si ritiene migliore di oggi e la critica all'esistente, il recupero della tradizione storica e la perdita di ciò che si giudica ormai obsoleto, la tristezza di non avere la verità in tasca e la gioia di esistere nell'orizzonte che promette salvezza. Anziché non decidere mai, decide sempre, perché la decisione razionalmente sorretta è la sua stessa vita[126].

Non ritenendo di avere la verità in tasca o di leggere nella mente di dio, la fede ermeneutica può confrontarsi serenamente non solo con le altre fedi, ma anche con l'ateismo. Abbandonata ogni forma di larvato ontologismo e ogni tentazione della lettera di Dio con le indicazioni puntuali sul percorso da seguire, la fede è una continua autoscoperta che, in quanto tale, presuppone la scoperta dell'altro da sé, sia sotto altre denominazioni religiose, sia sotto l'ateismo non

[126] Queste espressioni ricalcano quelle che si leggono in R. KEARNEY, *Ana-teismo. Tornare a Dio dopo Dio*, Fazi Editore, Roma 2012, 244.

dogmatico, e provoca all'autocritica che consente una fede sempre più consapevole.

5. Fede e Libertà.

L'avere fede in una prospettiva ermeneutica abbandona senz'altro il naturalismo gnoseologico che ritiene di rintracciare l'impronta di Dio nell'ordine cosmico ed invece mette in evidenza il carattere anticipatorio della libertà e conseguentemente lo statuto della fede come radicalmente connotato dalla responsabilità. L'avere fede è un dramma della libertà che si realizza attraverso l'interrogazione, l'identificazione, l'azione e la gratitudine. Come afferma Paolo Zini, la dimensione specificamente religiosa si esplicita soprattutto a livello della gratitudine, poiché esso si riferisce ad alcuni eventi che, per la loro pregnanza, esercitano un riflesso peculiare sull'intero biografico dell'uomo, iscrivendolo all'interno di una pragmatica che ne determina il senso articolandolo ad un Fondamento trascendente[127].

L'anticipazione del senso in rapporto a Dio diventa fiducia in una promessa e Dio stesso, nella sua vicenda kenotica assicura promessa anticipata quando facciamo esperienza della fatica, del dolore, della colpa. Nell'esperienza del fallimento e della morte la fede l'invocazione del Fondamento e l'appello alla sua buona testimonianza si rendono più accorati, interpretando la dimensione agonica e di auto-consegna che la morte contiene nel suo irrompere. Infine la glorificazione realizzata dalla risurrezione-ascensione libera l'anticipazione della promessa di senso dalla sua esposizione alla precarietà, al fallimento, alla malvagità.

Si può obiettare che tutto ciò potrebbe essere la simbolica dell'esperienza umana comune a tutti: nascita, patire, morire. A questa obiezione rispondo che l'esperienza comune è priva della dimensione qualificante della glorificazione. La risurrezione-

[127] P. ZINI, *Libertà e compimento. Saggio di filosofia della religione*, Glossa, Milano 2008

ascensione non è accanto oppure oltre l'esperienza di tutti, bensì conferisce ad essa una determinazione che pretende di donarle il compimento. In fin dei conti è sempre in gioco il riferimento fondante alla vicenda del Gesù Cristo. Scrive Zini: «Alla singolarità della fede cristiana – nel suo archetipo e nelle sue testimonianze – si deve la singolarità della grammatica religiosa cristiana, in cui vive l'universale necessità della determinazione teologica dei simboli dell'esistere da parte della libertà finita insieme all'indeducibilità storica ed antropologica dell'evidenza evangelica di quella universale necessità»[128]. Dunque, la relazione fra la singolarità cristiana e l'esperienza umana costituisce un aspetto dell'universalità della fede cristiana: le due istanze vanno elaborate insieme, poiché indicano rispettivamente la condizione veritativa e la configurazione storico fattuale del comportamento di trascendenza. È nell'orizzonte di tale elaborazione unitaria che ricerca filosofico-religiosa e riflessione teologica possono realizzare una circolarità virtuosa, senza reciproche riduzioni ma anche senza pregiudiziali separazioni.

Nella prospettiva sopra delineata è indispensabile rifiutare ogni discorso categorico, apofatico o catafatico che sia, su Dio, perché l'assoluto non può mai venire «com-preso» dalla ragione umana: la fede non è semplicemente affidarsi all'impossibile di Dio; è anche un interminabile impegno ermeneutico storicamente condizionato, che non può essere condotto dal singolo isolato, ma necessità dell'apporto ecclesiale.

---

[128] . ZINI, *Libertà e compimento. Saggio di filosofia della religione*, Glossa, Milano 2008, 457.

CONCLUSIONE

CREATURA RELATIVA E ORIZZONTE VERITATIVO ASSOLUTO

Relativismo storico?

La cultura cattolica non è priva dalla coscienza della propria storicità e, quindi, dalla relatività delle sue costruzioni concettuali. In questo senso, si può parlare di una sorta di relativismo storico: occorre "creare" continuamente prodotti del pensiero e attività pratiche a partire dai sottili ma numerosi e vitali legami esistenti fra l'uomo e il suo tempo, fra il singolo e la sua società, perché ogni concetto è la conglobazione del soggetto concreto e delle concretissime condizioni in cui egli vive.

La verità non sarebbe, dunque, che un prodotto dei cambiamenti storici del pensatore e della società, destinata perciò a mutare continuamente nel tempo? La minaccia del relativismo incombe, ma non ci esime dalla accettazione integra del nostro vivere, con tutta la sua relatività ineliminabile e dal riconoscere che soltanto l'uomo ha la capacità di costituire sensi e significati di natura storica, adeguati alle sue necessità e non eccedenti la misura della sua finitudine.

Le acquisizioni del nostro percorso

Il percorso compiuto, al di là degli specifici temi trattati, ha corroborato alcuni punti fondamentali che, già presenti come presupposti, di seguito riassumo in forma impersonale.

1) La valorizzazione dell'individuo, contro ogni generalizzazione di tipo naturalistico, metafisico o idealistico (capitolo 1).

2) La centralità della nozione di "esperienza", contro ogni astrattezza, riabilitando la dimensione delle connessioni dell'uomo individuale con le diverse forme del conoscere e del sapere (capitoli 2 e 3).

3) La necessità di tradurre il mondo "soggettivo" della vita reale nei termini concettuali di un sistema teorico (capitolo 4).

4) L'esigenza di comprendere che, se il linguaggio e i concetti portano con sé i caratteri della storicità, allora essi non possono essere universali e non possono dare accesso a una verità definitiva (capitolo 5).

5) La consapevolezza che il mondo della fede e della morale vive nella ripresa operata dal soggetto storico, operazione che è resa possibile nella essenziale unità della vita che scaturisce dall'Erlebnis, dall'esperienza del mondo vissuta direttamente dall'individuo, in tutta la complessità e la ricchezza di una data situazione storica.

6) La contezza che i concetti, sebbene vestano gli stessi panni, non possono essere mai i medesimi perché in ogni concetto c'è una posta in gioco che lo sottintende e lo scopre. Si tratta allora di "stanare" questa posta in gioco per fare emergere la forza critica del concetto stesso. Di qui la necessità di mettere in discussione il concetto stesso rinviandolo a un problema, o ad un insieme di problemi, e facendolo

"lavorare" nell'incontro con altri concetti in seno ad un contesto determinato. Solo così esso può essere il pensiero che è.

7) L'avvertenza che il contenuto concettuale muta non per ragioni di essenza o di forma, ma per il rapporto che mantiene tra la sua discorsività e l'atteggiamento culturale del ricevente, dove il sociale, inevitabilmente, si trova inserito a titolo di protocollo di interpretazione che il concetto suscita o che inventa. Ad esempio il concetto di persona del medioevo e il concetto di persona di oggi sono diversi perché obbediscono a regimi diversi, i quali dipendono da ciò che i contesti storici fanno del linguaggio e implicano che se ne faccia. Ciò perché il regime logico implica una sovradeterminazione attraverso il senso. Il discorso che vi si realizza ha come *telos* il senso e la logica del senso. La sua finalità non risiede in quello che fa – anche se fa sempre qualche cosa – ma in quello che dice o non dice più.

8) Infine rammentare ciò che la Kabbalah lurianica afferma, pensando al Messia: bisogna ricomporre l'infranto e ridestare i morti. È la necessità di dare vita a significati, sensi, ideali, valori per l'oggi. C'è bisogno di cultura. Contromovimenti coraggiosi che solo grandi silenzi, concentrazioni inesauste, ermeneutiche appassionate possono condurre a termine. Questo vuol dire fare i conti con un pensare radicale, cioè spinto fino alle sue stesse radici, ma consapevole di non possedere un'origine pura. Per vincere questa distretta ci vuole passione, una passione infinita, con quanto di abbandono comporta, con acre svuotamento anche in senso di notorietà.

Il problema resta

La pretesa di mettere un immutabile (ad esempio il concetto *immutabile* di natura umana, bene, oggettività) nella mutevolezza della vita umana e del mondo significa corrompere l'uomo finito e il suo *Erlebnis* e renderli non intelligibili. Recidere il nodo con cui si vuole stringere questi due coimpossibili, vuole dire salvare l'uomo concreto, individuo, e rendergli intelligibile la sua esperienza religiosa e morale. Temere il relativismo dice scarsa considerazione della connessione strutturale che ci salda a noi stessi nel processo delle nostre esperienze storiche, e trascurare che essa non esaurisce tutta la realtà e nemmeno ciò che noi siamo[129].

Insomma, dobbiamo compiere un atto di sincerità iniziale: riconoscere che i concetti, nei quali esprimiamo i contenuti della nostra fede, non necessariamente religiosa, e delle nostre certezze morali, non sono esaustivi rispetto alla verità e sono costitutivamente segnati dalla precarietà dell'uomo storico. Questo riconoscimento salva la coesione vitale dell'io con se stesso, dando all'identità che noi siamo e che noi faticosamente ricostruiamo, il valore di simbolo, positivo, reale, ma inadeguato, della verità nella quale siamo contenuti e che non conteniamo (comprendere: dal latino *comprehendere*, composto di *cum* e *prehendere* = afferrare, contenere), infinitamente trascendente, che contiene tutta se stessa e la totalità del creato.

---

[129] Cfr. Luigi Stefanini, *Il dramma filosofico della Germania*, Cedam, Padova, 1948, p.p. 194-195

Indice

Printed by Books on Demand GmbH, Norderstedt / Germany